Martin Lechner

Risikomanagement

Strategische Maßnahmen zur nachhaltigen
Gewinnsteigerung für Bauunternehmen

Lechner, Martin: Risikomanagement: Strategische Maßnahmen zur nachhaltigen Gewinnsteigerung für Bauunternehmen, Hamburg, Igel Verlag RWS 2015

Buch-ISBN: 978-3-95485-308-3
PDF-eBook-ISBN: 978-3-95485-808-8
Druck/Herstellung: Igel Verlag RWS, Hamburg, 2015

Bibliografische Information der Deutschen Nationalbibliothek:
Die Deutsche Nationalbibliothek verzeichnet diese Publikation in der Deutschen Nationalbibliografie; detaillierte bibliografische Daten sind im Internet über http://dnb.d-nb.de abrufbar.

© Igel Verlag RWS, Imprint der Diplomica Verlag GmbH
Hermannstal 119k, 22119 Hamburg
http://www.diplomica.de, Hamburg 2015
Printed in Germany

Inhaltsverzeichnis

Abbildungsverzeichnis

Tabellenverzeichnis

1 Einleitung

1.1 Problemstellung

Die Bauindustrie unterliegt einem kontinuierlichen Wechsel und musste sich in kürzester Zeit völlig neu strukturieren. Kaum ein anderer Wirtschaftszweig hat so grundlegende Veränderungen erfahren wie die Bauindustrie. Historisch gesehen hat die Baubranche viele Jahre lang außerhalb der Marktwirtschaft gearbeitet. Die Auftragsbücher waren jahrzehntelang gut gefüllt und besondere Ansprüche wie Zusatzleistungen und Services waren kaum gefordert. In der Zeit um 1990 herrschten enorme Investitionen in den Wohnungs-, Wirtschafts- und Infrastrukturbau, vor allem die Öffnung im Osten Deutschlands führte zu einem regelrechten Boom am Bau. Im Jahr 1995 hatte allerdings der Marktzyklus seinen Höhepunkt erreicht, danach ging es steil bergab. Die Branche erlebte eine unvorstellbare Talfahrt, deren Krise bis heute spürbar ist. Nach wie vor tobt ein unerbittlicher Verdrängungswettbewerb, am Markt zählen nur der Preis und weniger die Qualität. Die Baukrise traf die meisten Unternehmen unvorbereitet, ihre Handlungsspielräume waren ausgesprochen begrenzt. Es herrschte der Glaube man könne sich dem Preisverfall durch den Bau komplexer Großprojekte entziehen. Es stiegen nicht die Magen sondern die Risiken, mit dem Ergebnis einer raschen Beschleunigung der Abwärtsspirale.[1]

Durch die Liberalisierung des europäischen Binnenmarktes kam es zu einem bisher nicht bekannten Auftreten internationaler Konkurrenz. In Deutschland führten durch offene Grenzen und Zustrom von Arbeitskräften aus Niedriglohnländern der Europäischen Union und Osteuropa zur Arbeitslosigkeit deutscher Arbeitnehmer. Bei arbeitsintensiven Bauvorhaben können ohne Einsatz von Subunternehmen aus Billiglohnländern keine Aufträge mehr erhalten werden.[2]

Die Bauwirtschaft befindet sich in einem enormen Strukturwandel. In der Vergangenheit bestimmten geeignete Baukonstruktionen und Bauverfahren den wirtschaftlichen Erfolg von Bauunternehmen, heute stehen Kundenzufriedenheit, Kapitalwachstum und nachhaltige Ökonomie im Vordergrund.

---

[1] Vgl. Jens H.Liebchen, Markus G. Viering, Christian Zanner, Baumanagement und Bauökonomie, ISBN 978-3-8351-0152-4 B.G. Teubner Verlag / GWV Fachverlage GmbH, Seite 1.
[2] Vgl. Prof. Dr. Ing. Hermann Bauer, Baubetrieb, ISBN 103-540-32113-6 Springer Verlag, Seite 2.

Traditionell waren Bauunternehmen zur Umsetzung von Vorgaben der Architekten und Ingenieure zuständig. Mittlerweile sind Baupartner gefragt, die maßgeblich zum Erfolg der Investoren beitragen. Diesbezüglich sind Bauunternehmer angehalten, sich sehr früh mit der Projektentwicklung wie Termine, Rendite und Wirtschaftlichkeit auseinanderzusetzen.[3]

1.2　Aufgabe

Die große Herausforderung beim Bauen liegt in der Technik und nicht in der Nicht-stationären Produktion. An ständig wechselnden Einsatzorten unter völlig unterschiedlichen politischen, wirtschaftlichen und vertraglichen Rahmenbedingungen wird vorübergehend in kurzer Zeit auf volle Produktion hochgefahren. In den vergangenen Jahren ist der Markt für Bauleistungen immer komplexer geworden. Vom Bauherrn werden nicht nur reine Bauleistungen nachgefragt, sondern die Übernahmen von Planung, Bau und Betrieb des Gebäudes. Auch im öffentlichen Bereich werden die Aufgaben für die Realisierung öffentlicher Infrastrukturbauten wie Schulen, Krankenhäuser oder Straßen massiv erweitert. Das Public-Private-Partnership-Modell ist ein Instrument, eine Kooperation öffentlicher und privater Auftraggeber und beinhaltet die Organisation, die Einrichtung rechtlicher und privater Strukturen, die Projektfinanzierung, Erstellung von Betreiberkonzepten, sowie den Betrieb von Projekten. Die Aufgabe ist es, diesen veränderten Anforderungen mit einer grundlegenden Neuorientierung des Leistungsangebotes entgegen zu steuern. Dazu gehört die Übertragung der Prozesskompetenzen auf weitere Bereiche, etwa als Vertragspartner öffentlicher Auftraggeber, Impulse für die Entwicklung von Public-Privat-Partnership-Modellen, Projektentwickler, Anbieter für integriertes Facility-Management, internationaler Erfahrungsträger für die Realisierung privater Infrastruktur.[4]

Bei größeren Bauunternehmen besteht der Trend der Internationalisierung. Die Abhängigkeit von der Binnenkonjunktur wird dadurch reduziert, birgt jedoch hohe Risiken bei Auslandseinsätzen. Weitere Möglichkeit besteht sich auf Spezialgebiete zu konzentrieren oder sich als Dienstleister zu entwickeln, die nahezu alle Aufgaben

---

[3] Vgl. Jens H.Liebchen, Markus G. Viering, Christian Zanner, Baumanagement und Bauökonomie, ISBN 978-3-8351-0152-4 B.G. Teubner Verlag / GWV Fachverlage GmbH, Seite 14.
[4] Vgl. Jens H.Liebchen, Markus G. Viering, Christian Zanner, Baumanagement und Bauökonomie, ISBN 978-3-8351-0152-4 B.G. Teubner Verlag / GWV Fachverlage GmbH, Seite 2-3.

eines Auftraggebers übernehmen. Teilweise werden dabei größtenteils operative Arbeiten an Nachunternehmer vergeben.

Einem Nachfrager nach Bauleistungen stehen mehrere Anbieter gegenüber. Nur der mit dem niedrigsten Angebot erhält den Auftrag, dies zwingt die Bauunternehmen zu ständiger Rationalisierung der Produktion, Optimierung der Prozesse und Organisationsformen. Weiteres zwingen knappe Preise die Bauunternehmen alle unvorhersehbaren, in der Ausschreibung nicht erfassten Leistungen als Mehrkostenforderung geltend zu machen. Bauvorhaben werden heutzutage immer komplizierter und umfangreicher und sind in extrem kurzen Bauzeiten zu erstellen. Derart enorme Anforderungen sind nur mit qualifizierten und leistungsfähigen Personal, Maschinen nach den neuesten Stand der Technik und einer angepassten Organisation zu bewältigen.[5]

1.3 Zielsetzung

In der Bauwirtschaft brauchen wir eine Qualitätsoffensive, damit wir uns im Wettbewerb mit europäischen Konkurrenten neu positionieren können. Die Ausbildung qualifizierter Arbeitskräfte bis zur Optimierung sämtlicher Bauprozesse sollte an oberster Stelle stehen. Qualität scheint zunächst einen höheren Preis zu haben, langfristig gesehen profitiert man jedoch von geringeren Kosten. Verbindliche Qualifizierungssysteme können illegalen und unqualifizierten Wettbewerb bekämpfen. Bauunternehmen müssen sich für öffentliche Aufträge präqualifizieren, eine erfolgreiche Praxis und ein wichtiger Schritt für die gesamte Branche. Auf dem Weg zum Qualitätswettbewerb brauchen wir die Zusammenarbeit aller Projektbeteiligten, denn Mehrkostenforderungen und langwierige Rechtsstreitigkeiten zwischen Bauherrn und Bauunternehmen sind für beide Seiten unerfreulich.

Eine große Herausforderung der Bauindustrie ist unter anderem der große Nachwuchsmangel. Qualität ist auch in diesem Zusammenhang einer der wichtigsten Komponenten. Die Branche benötigt qualifiziertes Personal, die nicht nur technische Kompetenz, sondern auch innovative Ideen im Baubereich mitbringen. Wir brauchen

---

[5] Vgl. Prof. Dr. Ing. Hermann Bauer, Baubetrieb, ISBN 103-540-32113-6 Springer Verlag, Seite 2-4.

neue Wege der Zusammenarbeit zwischen Schulen und Unternehmen um die hohen Ansprüche in der Branche gerecht zu werden.[6]

Ingenieure und Architekten sind kompetente Techniker, aber sie sind selten gute Kaufleute. Heute reicht es nicht mehr aus technisch gut zu sein, technische Mitarbeiter müssen die Verantwortung für den wirtschaftlichen Erfolg ihrer Projekte übernehmen. Für die Wirtschaftlichkeit bedarf es eines besseren betriebswirtschaftlichen Verständnisses. Zu erkennen ist der Unterschied zwischen Produktivität und Wirtschaftlichkeit. Dieser besteht im Wesentlichen darin, dass zum Beispiel eine neue Maschine gegenüber einer alten zwar produktiver sein kann, aber sind die neuen Produkte am Markt überhaupt absetzbar.[7]

Bautechnische Neuerungen, Baustoffe und auf Baustellen eingesetzte Methoden haben die Branche stark verändert. Dennoch gilt die Branche nicht unbedingt als innovationsfreudig, dass zeigt sich an den sehr geringen Aufwendungen für Forschung und Entwicklung. Zu den aktuellen Themen im Bereich Forschung und Entwicklung gehören Geotechnik, Erdbebenschutz oder Gebäudesicherheit wie zum Beispiel der Feuerschutz. Eine internationale Erfolgsrezeptur ist zum Beispiel die partnerschaftliche Zusammenarbeit zwischen Staat und Wirtschaft, dass Public-Private-Partnership-Modell. Hier wird der Baubedarf für die öffentliche Infrastruktur und privates Kapital sinnvoll veranlagt. Somit wird Investitionspotenzial freigesetzt und die Verschuldung der öffentlichen Hand dezimiert. Die Einbindung privaten Kapitals in öffentliche Projekte führt zu Kosteneinsparungen und es können höhere Gewinne von Seiten der Bauunternehmen realisiert werden.[8]

Risikomanagement ist ein Prozess mit einem geschlossenen Kreislauf. Es stellt sich immer wieder die Frage, wer und wie man eigentlich Risikomanagement betreiben sollte. Das Ziel dieser Arbeit ist, genau diese Frage zu beantworten, nämlich wie können die Risiken eines Bauunternehmens für den gesamten Prozess verringert werden.

---

[6] Vgl. Jens H.Liebchen, Markus G. Viering, Christian Zanner, Baumanagement und Bauökonomie, ISBN 978-3-8351-0152-4 B.G. Teubner Verlag / GWV Fachverlage GmbH, Seite 4.

[7] Vgl. Dietmar Goldammer, Betriebswirtschaft für Architekten und Bauingenieure, ISBN 978-3-8348-1748-8, Springer Verlag, Seite 1.

[8] Vgl. Jens H.Liebchen, Markus G. Viering, Christian Zanner, Baumanagement und Bauökonomie, ISBN 978-3-8351-0152-4 B.G. Teubner Verlag / GWV Fachverlage GmbH, Seite 5.

2   Grundlagen

2.1   Baubetriebswirtschaftliche Grundlagen

Die Baubetriebslehre ist ein Teilgebiet des Bauingenieurwesens und beschäftigt sich einerseits mit dem Baubetrieb und andererseits mit den technischen und wirtschaftlichen Zusammenhängen. Schwerpunkt der Baubetriebslehre ist die zum Bauen nötige Gestaltung organisatorischer, technischer und wirtschaftlicher Prozesse. Wesentlich dabei sind die optimale Organisation des Baubetriebs und die Betrachtung der Produktivität von Menschen und Maschinen. Ein gemeinsames Forschungsziel in der Betriebswirtschaft und Volkswirtschaft ist die Abbildung der wirtschaftlichen Realitäten in Modellen. Während die Volkswirtschaft auf das Verhalten der Form der Marktwirtschaft abzielt, bezieht sich die Betriebswirtschaft auf deren Lösung. Die Baubetriebslehre ist eine Sonderdisziplin der allgemeinen Betriebswirtschaftslehre und ist daher auch noch eine sehr junge Wissenschaft. Zum Thema „Bauwirtschaft und Baubetrieb" bildeten sich erst in unserem Jahrhundert Arbeitskreise. Die Forderungen, dass diese Thematiken als Pflichtfach für Bautechniker gelehrt werden müsse, wurden immer lauter. Die Hochschulen haben sich erst in den 1970er Jahren wissenschaftlich mit dem Thema „Bauwirtschaft und Baubetrieb" befasst.[9]

---

[9] Vgl. Karlhans Stark, Baubetriebslehre – Grundlagen, ISBN 978-3-528-07707-5 GWV Fachverlage GmbH, Seite 1.

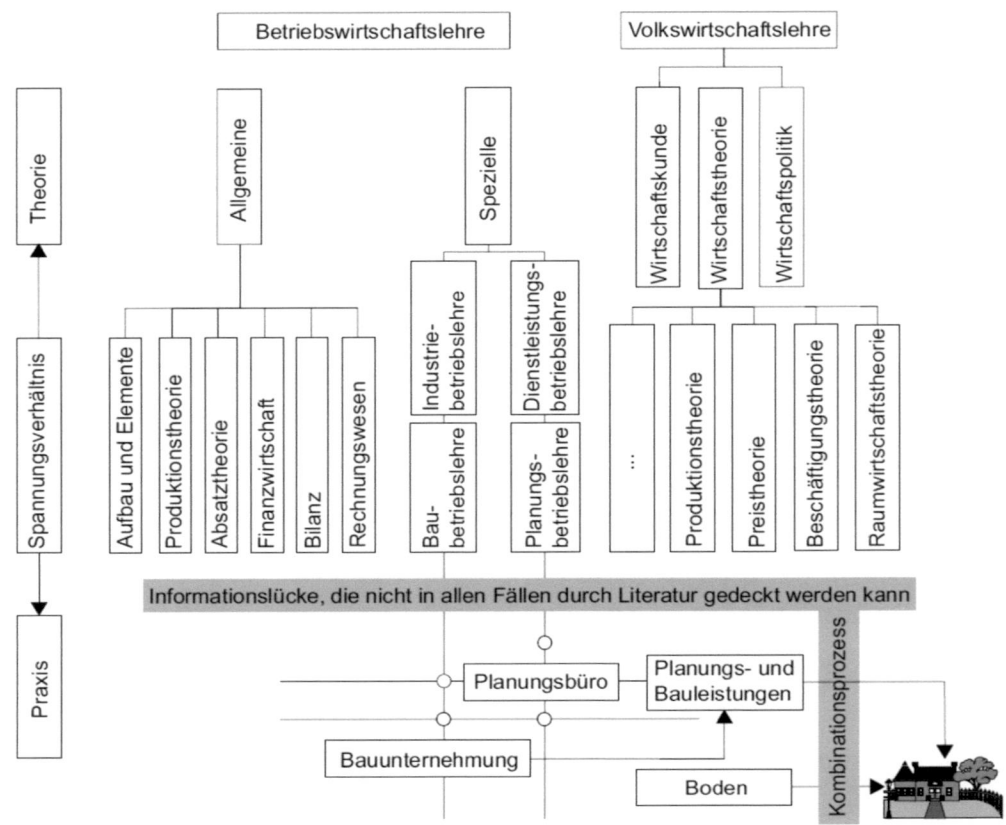

Tabelle 1: Gliederung der Wirtschaftswissenschaften. Karlhans Stark, Baubetriebslehre – Grundlagen, Seite 1.

2.1.1 Bedeutung der Baubetriebslehre

Die Bauwirtschaft hat eine sehr hohe wirtschaftspolitische Bedeutung für die Volkswirtschaft der Industrieländer. Bauen zählt zu den grundlegendsten gesellschaftlichen Angelegenheiten. Für die Bauwirtschaftslehre gelten viele Regeln der Volkswirtschafts- und Betriebswirtschaftslehre. Die Volkswirtschaftstheorie untersucht die Fragen wie, was, wo, wann und für wen soll produziert werden. Diese Fragen werden in marktwirtschaftlichen Systemen mit Hilfe von Angebots- und Nachfragemechanismus und über Entscheidungen der Nachfrager und Anbieter beantwortet. Die Befriedigung von Bedürfnissen nach knappen Gütern und Dienstleistungen ist die Zielsetzung allen wirtschaftlichen Handelns. Durch Ausgleich von Angebot und Nachfrage erfolgt die Preisbildung. Der Markt ist ein ökonomischer Ort des Tausches zur Abdeckung der Wirtschaftssubjekte.[10]

Für die Bauwirtschaft vollzieht sich am Baumarkt das Zusammentreffen von Angebot und Nachfrage. Die Nachfrage hängt von der Kaufkraft aller öffentlichen, gewerblichen und privaten Bauherrn ab. Das Angebot ergibt sich über die Gesamtheit aller ausgestatteten Kapazitäten und Leistungsversprechen der Bauunternehmen. Man unterscheidet verschiedene Marktformen wie polypolistische, oligopolistische und monopolistische Märkte.

Bei polypolistischen Märkten treten viele Anbieter und Nachfrager am jeweiligen Markt auf, die Konkurrenz ist groß. Bei oligopolistischen Märkten treten nur wenige Konkurrenten am Markt auf. Monopolistische Märkte sind nur mit einem einzigen Anbieter gekennzeichnet. Zwischen Anbieter und Nachfrager vollzieht sich ein Abstimmungsprozess zur Entstehung einer Preisbildung. Die Anbieter erstellen für Güter und Dienstleistungen einen kalkulierten Preis, der Nachfrager ist bestrebt einen möglichst geringen Preis zu zahlen. In der Regel kommen diejenigen Anbieter mit dem geringsten Preis bzw. diejenigen Nachfrager die den höchsten Preis zahlen, am Markt zum Zug. Ist das Angebot größer als die Nachfrage, so wird der Preis sinken. Ist die Nachfrage größer als das Angebot, so wird der Preis steigen. Am Baumarkt wird vorrangig die Preisbildung durch polypolistische Merkmale gekennzeichnet, deren Nachfrager sehr viele Anbieter gegenüberstehen.[11]

2.1.2 Bauwirtschaft und deren Entwicklung

Aufgrund massiver Rückgänge der Nachfrage nach Bauleistungen änderte sich das Kundenverhalten der Bauindustrie. Die Einkaufsmacht der Kunden ist spürbar größer geworden. Die Anforderungen an die Bauunternehmen werden durch kompliziertere Bauvorhaben immer größer und die Bauzeiten immer kürzer. Trotzdem entscheidet sich der Kunde für jenen Anbieter der am billigsten ist und nicht für den qualifiziertesten. Des weiterem werden in umfangreichen Vertrags Konstrukten die Risiken an den Bauunternehmen zunehmend überwälzt. Auffallend ist, dass Führungskräfte in

---

[10] Vgl. Klaus J. Beckmann, Bauwirtschaft und Baubetrieb, ISBN 978-3-642-41869-3 Springer Verlag, Seite 380.

[11] Vgl. Klaus J. Beckmann, Bauwirtschaft und Baubetrieb, ISBN 978-3-642-41869-3 Springer Verlag, Seite 384-387.

Bauunternehmen dieser Entwicklung bisher nur wenig an diesen Umständen aktiv entgegenwirkten. Dieses zeigt sich vor allem in der Personalpolitik, hoher Insolvenzquote und geringer Eigenkapitalquote. In der Professionalität des Managements in Bauunternehmen haben sich massive Qualitätsmängel aufgetan. Anstatt sich umfassend mit neuen Führungsmethoden, Prozesse und Kundenbeziehungen zu konzentrieren, sehen sie ihre Aufgabe vorwiegend im operativen Geschäft. Ein Ideenaustausch über Betriebsführung mit anderen Branchen, die den internationalen Wettbewerb ständiger Veränderungen von Methoden und Instrumenten ausgesetzt sind, findet kaum statt. Bemühungen vieler Branchen im stark zunehmenden Wettbewerbsdruck von Zeit, Kosten und Qualität wettbewerbsfähig zu bleiben, haben in der Bauwirtschaft weniger Beachtung gefunden. Die Steigerung der Produktivität wurde eher durch den Einsatz durch billige Arbeiter aus den Osten erreicht und nicht durch technischen Fortschritt. Das Problem ist den meisten Führungskräften in Bauunternehmen nicht bewusst, sondern sie erhoffen sich eher den nächsten Konjunkturaufschwung.

Bisher hat die Betriebswirtschaftslehre sich mit Bauwirtschaft nur sehr wenig beschäftigt. Es existieren nur wenige Erkenntnisse über die betriebswirtschaftlichen Abläufe in Bauunternehmen. Bisher ist noch nicht klar welche Einflussfaktoren auf den Baumarkt wirken, ob die Betriebswirtschaftslehre Beurteilungsmaßstäbe bereitstellt, oder ob zum Beispiel das Marketing Wirkung auf die Betriebsführung haben.[12]

Veränderungen am Baumarkt schreiten stetig voran. Zu untersuchen sind die größten Mängel in der Kundenleistung, die Ausrichtung der Unternehmen auf die Anforderungen des Marktes, Anpassung des Baubetriebes, zukünftige Entwicklung des Baumarktes, Personalentwicklung sowie Methoden und Instrumente neuer Geschäftsideen. Ein nachhaltiger Betriebserfolg ist nur möglich, wenn die Bedürfnisse und Wünsche des Kunden erfüllt werden.[13]

---

[12] Vgl. Dieter Köster, Marketing und Prozessgestaltung am Baumarkt, ISBN 978-3-8350-0928-8, GWV Fachverlage GmbH, Seite 1-3.
[13] Vgl. Dieter Köster, Marketing und Prozessgestaltung am Baumarkt, ISBN 978-3-8350-0928-8, GWV Fachverlage GmbH, Seite 3.

2.1.3 Produktivität in der Bauwirtschaft

In allen Projektphasen hat die Produktivität in der Bauwirtschaft eine hohe Bedeutung. Der Kosten- bzw. Aufwandsaspekt steht in der Bauwirtschaft im Fokus, sowie die Leistung und der Arbeitsaufwand im Baubetrieb. Die Produktivität ist vor und nach Vertragsabschluss genau zu analysieren. Es ist wichtig, im Zuge der Kalkulation anhand der ausgeschriebenen Leistungen festzustellen, welche Faktoren für die Ausbringungsmenge notwendig sind. Durch Schätzung der Einsatzfaktoren wird ein Blick in die Zukunft des Kalkulanten geworfen. Welcher Faktoreinsatz wirklich notwendig ist, wird die tatsächliche Ausführung zeigen. Die Bauunternehmen sind bestrebt, im Zuge der Arbeitsvorbereitung einen reibungslosen Arbeitsablauf zu erzielen.

In der Regel gibt es keine Ausführung ohne Bauablaufstörungen. Zu analysieren wäre zuerst:

- wer hat die Störungen verursacht?
- wie hoch sind die Mehrkosten?

In der Regel ist ein gestörter Bauablauf dadurch erkennbar, wenn es gegenüber der Auftragskalkulation (Soll – Produktionsfaktoren) Abweichungen gibt. Die Produktion sinkt oder erhöht sich, die Arbeiten müssen langsamer oder schneller verrichtet werden. Es kommt vorwiegend zu gegenseitigen Behinderungen, der Bauablauf wird gestört und es könnten Mehrkostenforderungen an den Auftraggeber einhergehen. Die Ursachen hat jeder Vertragspartner aus seiner Risikosphäre zu vertreten. Meistens gibt es Uneinigkeiten bei Mehrkostenforderungen gegenüber den Vertragspartnern, auch bei berechtigten Forderungen von Seiten der Auftragnehmer.[14]

Der Auftragnehmer ist diesbezüglich angehalten seine Produktivitätsverluste anhand von Aufzeichnungen nachzuweisen. Meistens lässt der Auftraggeber die Meinung vertreten, dass Mehrkosten aufgrund von Kalkulationsirrtümer oder unzureichender Arbeitsvorbereitung der Auftragnehmer selbst zu verantworten hat. Für die Auftragnehmer ist es immer schwierig, die Forderungen anhand durch Modellrechnungen oder mit Ansätzen aus der Literatur nachzuweisen.

---

[14] Vgl. Christian Hofstadler, Produktivität im Baubetrieb, ISBN 978-3-642-41632-3, Springer Verlag, Seite 1-2.

Die Bauwirtschaftslehre beinhaltet die wirtschaftliche Abwicklung von Bauprojekten. Dazu gehört die Ausschreibung, Vergabe, Abrechnung, Ermittlung der Baupreise, Vertragswesen und Organisation. So einfach die Produktivität dargestellt wird (Produktivität ist Output durch Input), so komplex sind deren Zusammenhänge. Der wirtschaftliche Erfolg einer Baustelle hängt vorwiegend von der Produktivität ab und längerfristig zum Bestand des ganzen Unternehmens.

Produktionsfaktoren im Bauunternehmen sind in einer Weise miteinander zu kombinieren, dass Bauwerke wirtschaftlich errichtet werden können. Wesentlich sind die Produktionsfaktoren und die Produktivität während der Bauzeit. Diese Erkenntnisse sind für das Bauunternehmen für die Kalkulation, Bauausführung und Abrechnung der Bauleistungen von extremer Bedeutung. Auch für den Bauherrn stellt sich die Frage, mit welcher Intensität die Produktionsfaktoren effizient eingesetzt werden sollten, damit seine Projektziele wie Kosten, Qualität und Fertigstellungstermin nicht Schiffbruch erleiden. Sich alleine auf einen umfassenden Bauvertrag zu verlassen wäre der falsche Zugang, da ein Bauwerk durch die Kombination von Produktionsfaktoren errichtet wird und nicht durch einen Vertrag. Ein Bauvertrag ist für geordnete Rahmenbedienungen, für die Leistungserbringung und deren Abrechnung zuständig. Zu beachten ist, dass es immer wieder zu Schwankungen in der Produktivität kommt und nicht linear über die gesamte Bauzeit verläuft.[15]

2.2 Strategische Prozesse für Bauunternehmen

Die Strategieplanung ist ein kontinuierlicher Prozess der im Unternehmen alle drei bis fünf Jahre grundsätzlich durchgeführt werden sollte. Der Markt mit seinen Marktkräften ist den permanenten Veränderungen der Makro- und Mikroumwelt unterworfen. Die Strategieplanung ist keine einmalige Aktivität, sondern sie sollte während des gesamten Jahres vom Management durchgeführt werden. Risikomanagement zur Erfassung von Chancen und Risiken sowie deren Analyse sollte laufend erfolgen, damit die Ergebnisse im Rahmen der strategischen Unternehmenszielsetzungen umgesetzt werden können.

---

[15] Vgl. Christian Hofstadler, Produktivität im Baubetrieb, ISBN 978-3-642-41632-3, Springer Verlag, Seite 2-14.

Ein Unternehmen befindet sich in vier Umfelds Sphären:

- Gesellschaft
- Natur
- Technologie
- Wirtschaft

Geschäftstätigkeiten werden in verschiedenen internen und externen Anspruchs-gruppen erbracht. Kunden, Lieferanten, Mitbewerber, Subunternehmer und Fremd-kapitalgeber zählen zu den externen Anspruchsgruppen. Eigentümer, Management, Mitarbeiter und Eigenkapitalgeber zählen zu den internen Anspruchsgruppen.

Man unterscheidet drei Handlungsebenen in einem Unternehmen:

- Normative Management
- Strategisches Management
- Operatives Management

Alle Handlungsebenen beinhalten voneinander abgrenzbare Problemfelder. Das Normative Management hat die gesellschaftliche Legitimation zum Inhalt des unter-nehmerischen Handelns. Das Strategische Management hat die Aufgabe den frühzeitigen und systematischen Aufbau zur Zielerreichung des operativen Erfolgs vorzubereiten. Im operativen Management geht es hauptsächlich um die Steuerung des unternehmerischen Wertschöpfungsprozesses.[16]

2.2.1 Unternehmensziele und Strategie

Die Unternehmensziele sind in allgemeiner Form im Leitbild zusammengefasst. Darauf aufbauend werden die Ziele unter Beachtung der Ressourcen, Kompetenzen und Fähigkeiten aufgebaut. Einer der wichtigsten Aufgaben von Unternehmen ist die Formulierung von Zielen im marktwirtschaftlichen System. Das Handeln eines Unternehmens richtet sich nach den Inhalt eines Zieles. Dazu zählen Wirtschaftlich-keit, Produktivität und Gewinn. Relevante Differenzierungen der Unternehmensziele ergeben sich aus der Managementperspektive, die für das ganzheitliche Risikoma-

---

[16] Vgl. Gerhard Girmscheid, Strategisches Bauunternehmensmanagement, ISBN 978-3-642-14194-2 Springer Verlag, Seite 3-5.

nagement verantwortlich sind. Eine langfristige Zukunftssicherung eines Unternehmens erfordert eine hohe Sensibilität gegenüber Marktsignalen und wettbewerbsrelevanten Trends.

Eine Unternehmensstrategie besteht aus der Formulierung der strategischen Unternehmensziele und einen Plan für das Vorgehen der Zielerreichung. Strategische Ziele eines Unternehmens gliedern sich in strategische Unternehmens- und Geschäftsziele.

Strategische Unternehmensziele sind verantwortlich für die Wertsteigerung des Unternehmens, für die Richtigkeit von Geschäftsfeldern, Unternehmensstruktur, Investitionen sowie langfristige Wertsteigerung. Strategische Geschäftsfelder beschreiben das Leistungsangebot und den zugehörigen Kundennutzen, Gestaltung der Leistungserstellungsprozesse, Fähigkeiten, Kernkompetenzen sowie den optimalen Kosten Nutzen Aufwand für die Geschäftseinheit.

Im Mittelpunkt strategischer Problemlösungsprozesse steht ein lernfähiges Unternehmen das sich rasch an externen und internen Veränderungen anpassen vermag. Die Unternehmensstrategie beeinflusst die Organisationsstruktur des Unternehmens und reflektiert die finanziellen und bilanziellen Geschäftseinheiten.[17]

---

[17] Vgl. Gerhard Girmscheid, Strategisches Bauunternehmensmanagement, ISBN 978-3-642-14194-2 Springer Verlag, Seite 24-32.

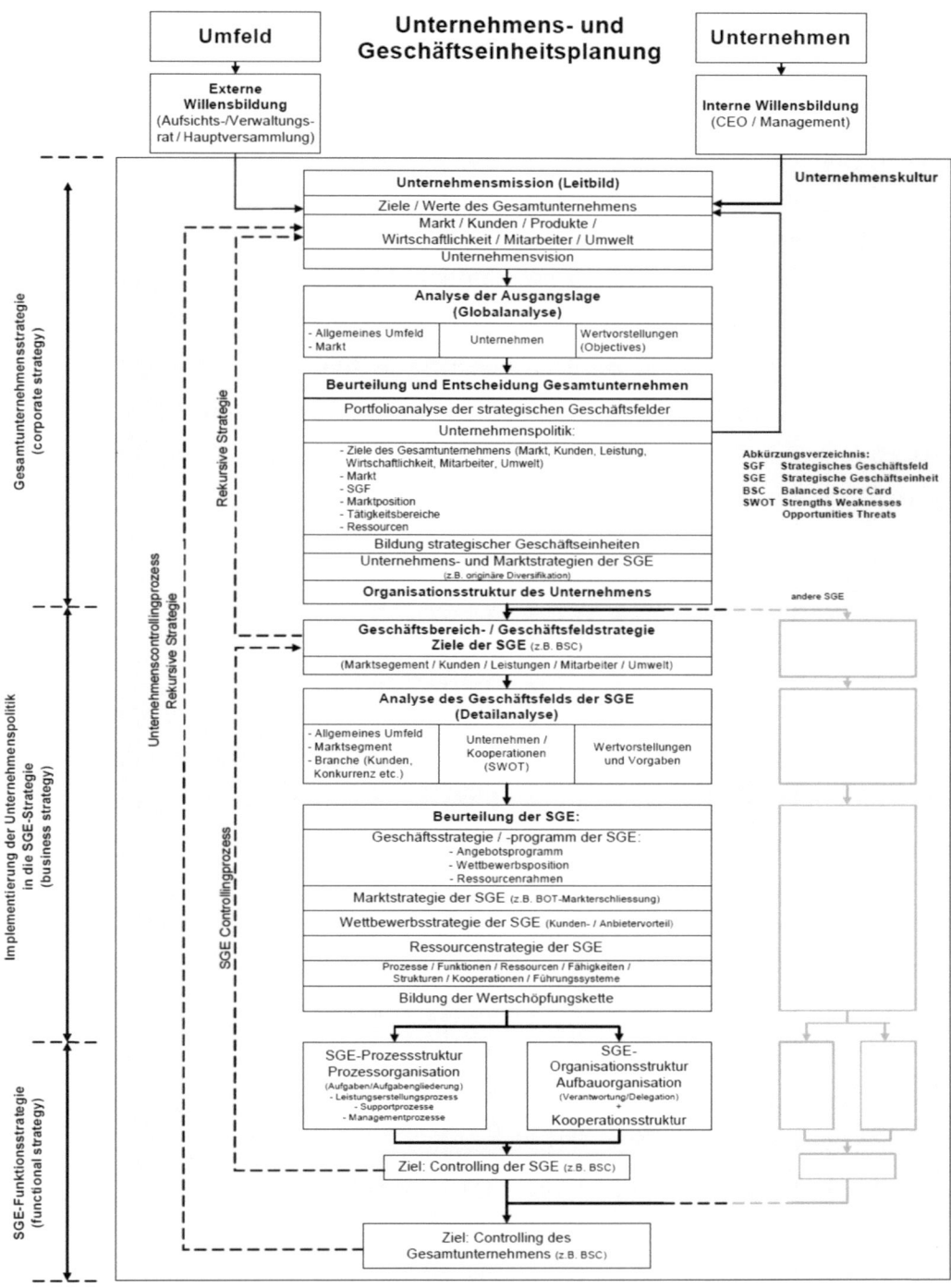

Tabelle 2: Strategieplanungsprozess. Gerhard Girmscheid, Strategisches Bauunternehmens-management, Seite 33.

21

Als Werkzeug zu den strategischen Problemlösungsprozessen ist eine in der Portfolio Analyse verwendete Dimension mit Kriterien zu deren Beurteilung. Das Marktwachstum, die Marktgröße und deren Qualität, Produktionsfaktoren sowie die Umweltsituation bestimmen den Grad der Marktattraktivität.

Das Marktwachstum ist der am häufigsten verwendete Maßstab der Marktattraktivität, der stets im Zusammenhang mit der Marktgröße zu sehen ist. Die Marktqualität fragt nach der Struktur der Nachfrage- und Angebotsentwicklung verschiedener Produktions- und Dienstleistungen. Von hoher Bedeutung ist die Verfügbarkeit der benötigten Produktionsfaktoren für die Beurteilung der Attraktivität einzelner Geschäftsfelder. In der Bauwirtschaft sind die maßgeblichen Produktionsfaktoren Arbeitskräfte, Betriebsmittel, Baustoffe, Führungspersonal, Kapital zur Finanzierung der Bauinvestitionen und Informationen über Nachfrage und Angebot.

2.2.2 Strategische Geschäftsfelder

Verschiedene Komponenten beeinflussen die Marktattraktivität sowie die relativen Wettbewerbsvorteile unterschiedlich stark. Um strategische Geschäftsfelder in einer Portfoliomatrix berücksichtigen zu können, werden die einzelnen Komponenten wie bei einer Nutzwertanalyse zunächst gewichtet.

In der Regel werden drei Normstrategien in Abhängigkeit von der Marktattraktivität der Geschäftsfelder der Branche und den relativen Wettbewerbsvorteilen unterschieden.

- Investitions- und Wachstumsstrategie
- Abschöpfungs- und Desinvestitionsstrategie
- Strategie der Offensive, des Übergangs oder der Defensive

Für die Investitions- und Wachstumsstrategie kommen die Geschäftsfelder mit hoher Marktattraktivität und auch großen relativen Wettbewerbsvorteilen in Betracht. Ziel ist es die solide Wettbewerbsposition weiter zu stärken und auszubauen, um Mittbewerber abzuhalten den erzielten Marktvorsprung zu dezimieren.[18]

---

[18] Vgl. Klaus J. Beckmann, Bauwirtschaft und Baubetrieb, ISBN 978-3-642-41869-3 Springer Verlag, Seite 576-578.

Im Gegensatz zu Geschäftsfelder die keine hohen Gewinnchancen haben, mit niedriger Marktattraktivität und geringen relativen Wettbewerbsvorteilen erfordern Abschöpfungs- und Desinvestitionsstrategien. Idealerweise sollte man sie so rasch wie möglich abstoßen und die freigesetzten Ressourcen in neue Geschäftsfelder mit hoher Marktattraktivität und großen relativen Wettbewerbsvorteilen einsetzten.

Mit Hilfe einer Offensivstrategie können Wettbewerbsvorteile gegenüber den wichtigsten Mitbewerbern aufgebaut werden, zum Beispiel durch Preisführerschaft und Differenzierung, meistens bei hoher Marktattraktivität und geringen relativen Wettbewerbsvorteilen.[19]

Weiteres Werkzeug zur Planung der Strategischen Geschäftsfelder wird die sogenannte SWOT-Analyse eingesetzt. Aus den Begriffen Strengths (Stärken), Weaknesses (Schwächen), Opportunities (Chancen) und Threats (Gefahren) leitet sich die Abkürzung SWOT ab. Ein strategischer Analyseprozess der die unternehmerischen Stärken und Schwächen sowie die auf das Unternehmen einwirkende Umfeld Faktoren beziehungsweise Umfeld Szenarien gegenüberstellt. Daraus erzielt man in einer Matrix strategische Optionen in Form von direkt auf das Unternehmen einwirkenden strategischen Chancen und Gefahren.

Einerseits führen zur Durchführung der SWOT-Analyse die Betrachtung des Umfeldes und andererseits die Unternehmensbetrachtung. Das Monitoring zur Betrachtung des Umfeldes und Analyse führen zunächst zu Chancen und Gefahren für das Unternehmen, haben kurzfristig aber keinen akuten Einfluss. Die internen Stärken und Schwächen des Unternehmens werden im Zuge einer Unternehmensbetrachtung hingegen offenbart. Besonders sind die strategischen Gefahren für das strategische Management von Bedeutung, die sich aus den eigenen Schwächen und den Gefahren ergeben.[20]

---

[19] Vgl. Klaus J. Beckmann, Bauwirtschaft und Baubetrieb, ISBN 978-3-642-41869-3 Springer Verlag, Seite 579.
[20] Vgl. Gerhard Girmscheid, Strategisches Bauunternehmensmanagement, ISBN 978-3-642-14194-2 Springer Verlag, Seite 37-39.

2.2.3 Marketingprozesse für Bauunternehmen

Ziel ist es die Bedürfnisse des Bauherrn und dessen Leistungsziele im Zuge des Leistungserstellungsprozesses in das gewünschte Ergebnis umzusetzen. Die Marketingstrategie beinhaltet die funktionale Umsetzung der gewählten Wettbewerbsstrategie für das jeweilige strategische Geschäftsfeld. Die Marketingstrategie beruht auf die Ausgestaltung der Leistung und des Produkts, des Preises sowie der Marktpräsenz und der Kommunikation mit den potenziellen Kunden. Die Kundenorientierung des Unternehmens zur Umsetzung einer erfolgsorientierte Marketingstrategie ist unabdingbar. Voraussetzung ist das wir unsere Kunden und ihre Bedürfnisse genau kennen.

Ausschließlich werden Bauunternehmen in der Bauwirtschaft auftragsbezogen aktiv. Eine Lagerhaltung als Kapazitätspuffer ist nicht möglich. In der Bauwirtschaft besteht das Auftragsrisiko und die Gefahr Kapazitäten nicht auslasten zu können. Viele Bauunternehmen versuchen diesem Risiko über Niedrigpreisangebote entgegenzutreten. Auf den Baustellen werden vorwiegend die Bauleistungen erbracht. Die Leistungen sind in ihrer Art und ihrem Umfang hauptsächlich Einzelleistungen.[21]

Stärker als anderer Branchen unterliegen Bauunternehmen einem höheren Kalkulationsrisiko. Bauunternehmen sind Bereitstellungsunternehmen die keinen Einfluss auf Art und Inhalt einer Bauleistung haben, weil diese vom Bauherrn vorgegeben werden. Architekten konstruieren ein Bauwerk für den Bauherrn. Vorwiegend findet die Entwicklungsarbeit auf Seiten der Kunden statt. Die Bauleistungsangebote verschiedener Bauunternehmen sind sich sehr ähnlich. Das Unterscheidungskriterium ist somit der Preis, aufgrund dessen herrscht vorwiegend ein Preiswettbewerb, weniger ein Leistungs- oder Qualitätswettbewerb.[22]

---

[21] Vgl. Gerhard Girmscheid, Strategisches Bauunternehmensmanagement, ISBN 978-3-642-14194-2 Springer Verlag, Seite 173-179.
[22] Vgl. Gerhard Girmscheid, Strategisches Bauunternehmensmanagement, ISBN 978-3-642-14194-2 Springer Verlag, Seite 180.

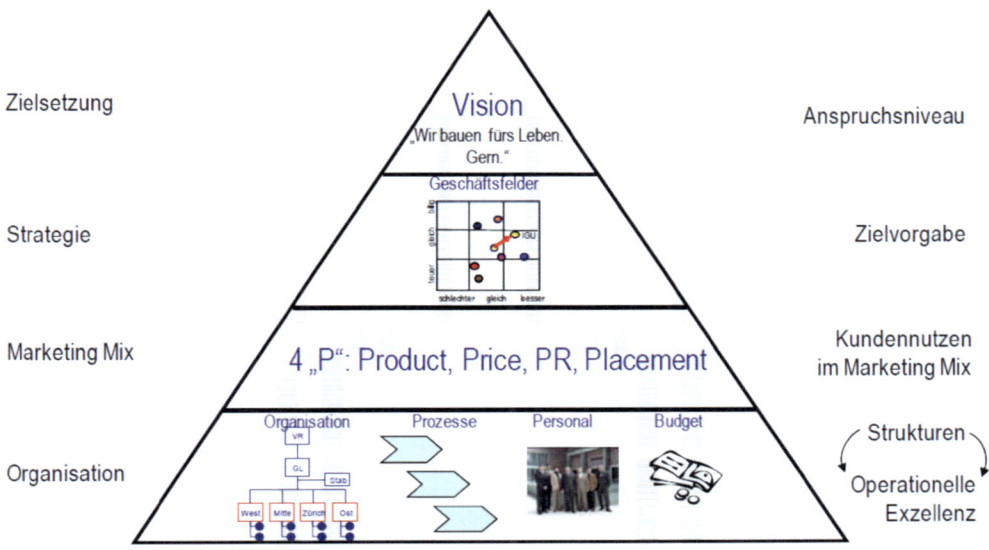

Abbildung 1: Strategisches Marketing. Gerhard Girmscheid, Strategisches Bauunternehmensmanagement, Seite 201.

Es sind laufend Ziele, Maßnahmen und Mittel des Marketings zu treffen. Der Problemlösungsprozess des Marketings liegen kurzfristige und auch langfristige Entscheidungen zugrunde und erfordern Annahmen über das Verhalten von Bauherren sowie Wettbewerbern. Daher ist es für die verantwortlichen Entscheidungsträger eines Bauunternehmens von Wichtigkeit, verschiedene Marktgruppen bestmöglich zu kennen, um anschließend geeignete sowie marktrelevante Entscheidungen fällen zu können.

Bei einer sogenannten Sekundärmarktforschung greift man auf vorhandene Informationen zurück die in der Vergangenheit zusammengetragen wurden. Somit bildet man in der Regel den ersten Schritt in einem Marktforschungskonzept, bevor eigene Marktforschungsuntersuchungen in Form von Primärerhebungen durchgeführt werden können.

Bei der Primärmarktforschung werden die Informationen für eine bestimmte Problemstellung an ihrem Ursprung mithilfe verschiedener Erhebungsmethoden gewonnen.

Zur Entwicklung einer Marketingstrategie sind Objektbestimmungen der unternehmerischen Aktivitäten gefragt. Strategische Geschäftsfelder sind die Basis für die Planung einer Marketingstrategie. Strategische Geschäftsfelder sind im Zuge einer

Marktsegmentierung gegeneinander abzugrenzen. Unter Betrachtung verschiedener Gesichtspunkte wird mit Hilfe der Marktsegmentierung das Unternehmen in ein mehrdimensionales Wettbewerbsfeld eingeordnet.

In der Bauwirtschaft leitet sich die Geschäftsfelddefinition zwischen fünf Dimensionen der Marktsegmentierung ab. Es ist zu unterscheiden ob sich Marktchancen als Spezialunternehmer, Systemanbieter, Generalunternehmer, Subunternehmer oder als Totalunternehmer auftun. Wichtig ist hierbei die zukünftigen Anforderungen der eigenen Kundenstruktur zu ermitteln und die Unternehmenspositionierung dement-sprechend zu gewichten.[23]

Im Rahmen seiner Studien hat der Wissenschaftler M. Porter die langfristigen Abhängigkeiten des Unternehmens im Markt eingehend beschrieben. Abgesehen von den Anforderungen des Kunden auf das Unternehmen wirken weitere fünf Wettbewerbskräfte auf ein Unternehmen ein.

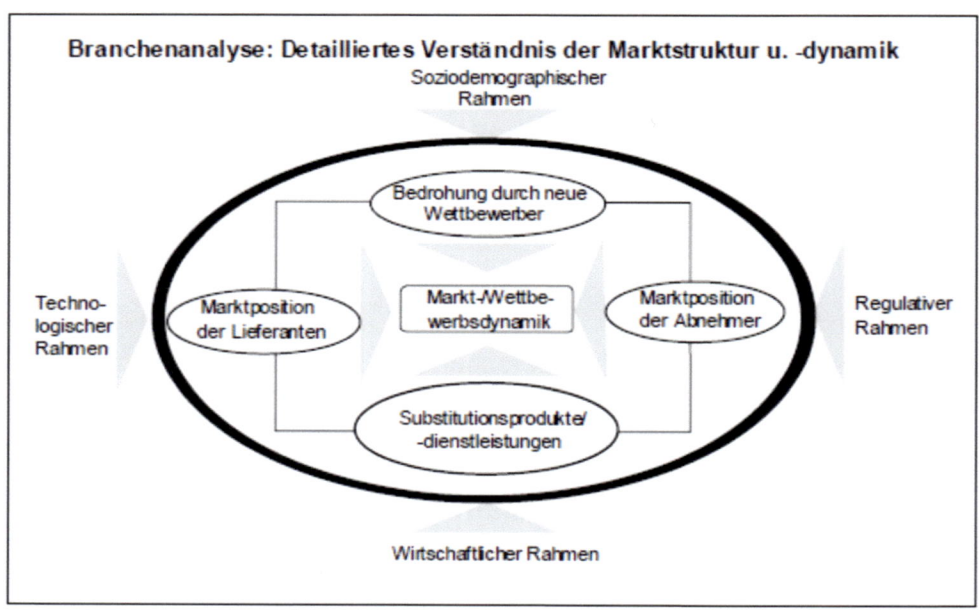

Abbildung 2: Branchenanalyse von Porter. Dieter Köster, Marketing und Prozessgestaltung am Baumarkt, Seite 97.

---

[23] Vgl. Gerhard Girmscheid, Strategisches Bauunternehmensmanagement, ISBN 978-3-642-14194-2 Springer Verlag, Seite 202-204.

Im Wesentlichen sieht Porter zwei erfolgversprechende Strategietypen. Den Aufbau optimaler Produktionsanlagen und das Streben nach Kostenführerschaft im Zuge eines Niedrigpreiskonzeptes.[24]

Grundsätzlich wird ein Bauunternehmen versuchen möglichst standardisierte wiederkehrende Bauten zu erstellen. Das Streben nach Kostenführerschaft birgt aber die Gefahr auf individuelle Kundenanforderungen und Nutzenerwartungen nicht genügend einherzugehen.

Weitere Alternative wäre eine Differenzierungsstrategie. Die Leistungen vom Wettbewerb so weit als möglich zu differenzieren, damit die dargebotene Leistung vom Kunden als einzigartig empfunden wird. Bauunternehmen die eine Ausrichtung oder Präferenzstrategie verfolgen und Speziallösungen für ihre Kunden anbieten, können sich eher von den Mitbewerbern abheben. Mischstrategien des gleichzeitigen Einsatzes nach Differenzierung und Kostenführerschaft erzielen in der Regel erfolgsversprechende und langfristige Lösungen für Unternehmen.[25]

2.3 Risikomanagementprozesse in Bauunternehmen

Der wirtschaftliche Erfolg eines Bauunternehmens in der Bauwirtschaft hängt ausschließlich von der der Gesamtheit einzelner Projekterfolge ab. Je größer und komplexer die geforderte Technologie eines Auftrages ist, desto genauer sind Chancen und Risiken zu analysieren. Aufträge werden jedoch aufgrund der Marktsituation zu absurden und ruinösen Ansätzen kalkuliert, angeboten und abgewickelt. Aufgrund falsch eingeschätzter Risiken können zunächst Erfolg versprechende Projekte in die Verlustzone schlittern. Verlustprojekte vernichten über kurz oder lang wertvolles Kapital des Unternehmens und die Insolvenz wäre die fatale Folge unzureichender Risikobewertung.

Von den Bauunternehmen werden technische und terminliche Risiken eines Projektes am ehesten erkannt. Vertragliche Risiken sowie wirtschaftliche Projektrisiken

---

[24] Vgl. Dieter Köster, Marketing und Prozessgestaltung am Baumarkt, ISBN 978-3-8350-0928-8, GWV Fachverlage GmbH, Seite 97.
[25] Vgl. Dieter Köster, Marketing und Prozessgestaltung am Baumarkt, ISBN 978-3-8350-0928-8, GWV Fachverlage GmbH, Seite 98.

werden dagegen nur sehr wenig analysiert. Diese Risiken sind jedoch entscheidend über Erfolg oder Misserfolg eines Projektes.[26]

2.3.1 Bauprojekte und deren Risikofaktoren

Eine Reihe von positiv verlaufenden Aktivitäten setzt das Gelingen eines Projektes voraus. Kommt es zu Komplikationen kann dies zu Verzögerungen, Qualitätseinbußen oder Mehrkosten führen. In einem Bauprojekt lauern viele Risikofaktoren. Im Nachhinein können sich Arbeiten schwieriger herausstellen als ursprünglich angedacht, bestellte Lieferungen können verspätet eintreffen, Planungsfehler, Fehler in der Arbeitsvorbereitung, mangelhafte Vorleistungen, Fehler die in der Sphäre des Auftraggebers liegen, Projektbeteiligte können vorübergehend ausfallen und vieles mehr.

Ein Projekt birgt viele Risiken und die Konsequenzen im Risikofall sind zum Beispiel überschrittene Termine, Budgetüberschreitungen oder mangelhafte Qualität. Risikomanagement bedeutet die Zusammenfassung aller Tätigkeiten die Umgang mit Risiken notwendig sind. Schwerpunkttätigkeiten sind das Erkennen, Bewerten und Verringern von Risikopotential.

Bauunternehmen werden bemüht sein die Risiken in einem Projekt so weit wie möglich zu verringern. In der Realität ist eine vollständige Beseitigung der Risiken nicht möglich. Jedoch sollte man bedenken, dass es ohne Risiko auch keine Chance geben kann.[27]

Bauunternehmen sind sehr stark vom Projektgeschäft geprägt, daher kommt dem Risikomanagement auf Projektebene eine besondere Bedeutung zu. Es ist extrem wichtig Projektrisikomanagementprozesse sorgfältig aufeinander abzustimmen. In den operativen Geschäftseinheiten sind funktionierende Risikomanagementprozesse so zu implementieren, dass sie integraler Bestandteil der Geschäftsprozesse werden. Das projektbezogene Risikomanagementsystem sollte im Managementsystem

---

[26] Vgl. Peter Fischer, Das Auftragsrisiko im Griff, ISBN 978-3-528-03987-5, GWV Fachverlage GmbH, Seite 1.
[27] Vgl. Walter Jakoby, Projektmanagement für Ingenieuere, ISBN 978-3-8348-0918-6, Vieweg + Teubner Verlag, Seite 185-186.

integriert werden, so dass der Prozess in den operativen Einheiten seine Anwendung findet.[28]

In der Bauwirtschaft lassen sich folgende Arten von Risiken einteilen:

- Technische Risiken
- Terminliche Risiken
- Vertragsrechtliche Risiken
- Finanzielle Risiken
- Personalrisiken
- Managementrisiken
- Umweltrisiken

Risikofelder des Bauprojekts

Politik · Öffentlichkeit / Nachbarn · Natur / Umwelt · Führung / Controlling · Personal · Schnittstellen · Projektorganisation · ARGE-Partner · Lieferanten · Subunternehmer · Sonstige Planer · Architekt · Bauherr · Projektausführung · AVOR · Projektplanung · Örtliche Gegebenheiten · Arbeitssicherheit · Art + Komplexität des Bauwerks · Volkswirtschaft · Ausschreibung · Garantien · Terminvorgaben · Verträge · Gesetze / Nomen

Risikoarten des Bauprojekts

Rechtliche Risiken	Terminliche Risiken	Finanzielle Risiken	Technische Risiken	Management-risiken	Risiken des Umfelds

Einzelrisiken des Bauprojekts

Tabelle 3: Zusammenhang zwischen Risikofeldern, Risikoarten und Einzelrisiken. Gerhard Girmscheid, Strategisches Bauunternehmensmanagement, Seite 739.

Auftraggeber und Auftragnehmer messen den Risikoarten unterschiedliche Bedeutungen zu. Dazu bestehen unterschiedliche Standpunkte darüber, wer welche Risiken zu übernehmen hat. Es kann vorkommen, dass Großteil der Risiken die Bauunternehmen übernehmen, was für gewöhnlich der Bauherr zu verantworten hat.[29]

---

[28] Vgl. Gerhard Girmscheid, Strategisches Bauunternehmensmanagement, ISBN 978-3-642-14194-2 Springer Verlag, Seite 737-738.
[29] Vgl. Gerhard Girmscheid, Strategisches Bauunternehmensmanagement, ISBN 978-3-642-14194-2 Springer Verlag, Seite 739-740.

2.3.2 Risikopotentialanalyse in Bauunternehmen

Sollte die vorliegende Anfrage bearbeitet und ein Angebot erstellt werden oder nicht, dass ist einer der fundamentalsten Fragen einer risikoorientierten Vorgehensweise. Bauunternehmen müssen eine Fülle von Anfragen und Angeboten bearbeiten, um daraus schlussendlich einige wenige Aufträge im harten Wettbewerb an Land zu ziehen. Gleichzeitig läuft man Gefahr, dass wertvolle und knappe Ressourcen aufgrund der Masse von Anfragen vergeudet werden. Daher ist es von enormer Bedeutung eine detaillierte und durchdachte Angebotserstellung durchzuführen.

Andernfalls sind es lediglich geschätzte Angebotspreise, die jeglicher Kalkulations-grundlage entbehren und das Risikopotential drastisch erhöhen. Es soll die Möglich-keit zu einer schnellen, aber bewusst und begründet getroffenen Entscheidung für oder gegen eine Angebotsbearbeitung gegeben werden. Risiken sollen bereits frühzeitig erkannt und gegebenenfalls ausgeschlossen werden. Über ca. 60% der Verluste von Projekten hat ihre Ursache bereits in der Vorvertragsphase.[30]

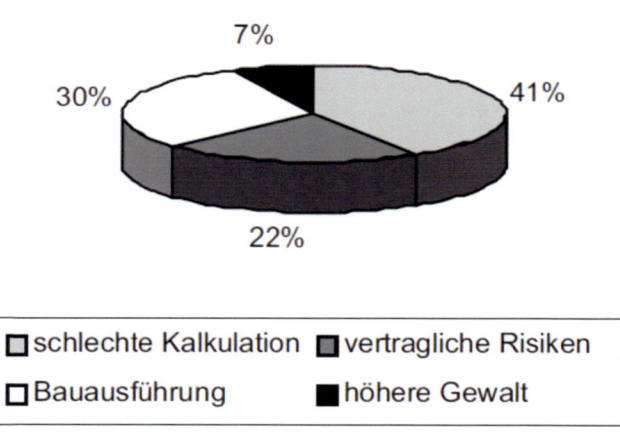

Abbildung 3: Ursachen für Verluste im Bauwesen. Peter Fischer, Das Auftragsrisiko im Griff, Seite 10.

---

[30] Vgl. Peter Fischer, Das Auftragsrisiko im Griff, ISBN 978-3-528-03987-5, GWV Fachverlage GmbH, Seite 9.

Der Prozess des „Aussiebens" der Anfragen soll dazu führen, die Anzahl an Kalkulationsprojekten mit guten Gewinnchancen zu erhöhen. Im Verhältnis zu abgegebenen Angeboten und erhaltenen Aufträge liegt die Erfolgsquote durchschnittlich bei ca. 5 %, mit dem Ziel diese Werte zu verbessern.

Mit der Risikopotentialanalyse soll folgendes erreicht werden:

- Schnelles und Analytisches Abschätzen des Risikogrades einer Anfrage
- Entscheidung für oder gegen eine Angebotsbearbeitung
- Abschätzung der Bearbeitungsintensität
- Integration eines Risikomanagements
- Sinnvoller Ressourceneinsatzes in der Kalkulationsabteilung

Zur Ermittlung der Risikoklasse und damit zur Bewertung einer Anfrage wurden grundsätzlich vier Risikobereiche definiert. Für die Analyse und die Bewertung der Risiken einer Anfrage, beziehungsweise eines Projektes erfolgt die Abgrenzung in folgende vier Risikobereiche:

- Technische Risiken
- Terminliche Risiken
- Vertragliche Risiken
- Wirtschaftliche Risiken

In einem Formular zur Risikopotentialanalyse werden innerhalb der einzelnen vier Risikobereiche jeweils Unterpunkte aufgeführt. Jeder Risikobereich sollte einer Bewertung unterzogen werden und anhand der Summe erfolgt schlussendlich die Ermittlung des Gesamtrisikos.[31]

---

[31] Vgl. Peter Fischer, Das Auftragsrisiko im Griff, ISBN 978-3-528-03987-5, GWV Fachverlage GmbH, Seite 10-12.

Firma:	Risikopotentialanalyse			
Anfrage:	Anfragennummer:			

Bewertungsfaktoren				Punkte
Wirtschaftliche Faktoren				
Bauvolumen	Das Bauvolumen ist gleich / liegt über 150% des Standard - .. [20]	Das Bauvolumen liegt zwischen 150% - 75% des Standard - Bauvolumens. [5]	Das Bauvolumen liegt unter 75% des Standard - Bauvolumens. [1]	
Wettbewerbs-situation	Für diese Baustellenart herrscht ruinöser Wettbewerb [20]	Für diese Baustellenart herrscht normaler Wettbewerb [5]	Für diese Baustellenart gibt es keine Konkurrenz [1]	
Vertragliche Faktoren				
Vertragstyp	Unbekannter Vertragstyp [20]	Bekannter, gängiger Vertragstyp (z.B.: Pauschalvertrag) [5]	Bekannter, unkritischer Vertragstyp (z.B.: Einheitspreisvertrag) [1]	
Erfahrungen mit dem Bauherren	Bekannter und problema-tischer Bauherr mit neg., benachteilig. [20]	Unbekannter Bauherr [5]	Bekannter Bauherr mit partnerschftlicher Arbeitsweise [1]	
Terminliche Faktoren				
Zeitraum für Kalkulation in Bezug auf Art & Umfang der Ausschreibung	Zeitraum ist zu kurz [20]	Zeitraum ist kurz [5]	Zeitraum ist ausreichend bis lang [1]	
Zeitraum für AV und Ausführung in Bezug auf Projekttyp	Zeitraum ist zu kurz [20]	Zeitraum ist kurz [5]	Zeitraum ist ausreichend bis lang [1]	
Technische Faktoren				
Beherrschbarkeit bzgl. Technologie / benötigtes Know-How	Technologie wird schwer beherrscht, Know-How nicht vorhanden [20]	Schwierige Technologie, aber Know-How vorhanden [5]	Standardisierte, beherrschte Technologie [1]	
Vorhandenes Personal	Unerfahrenes Führungspersonal / gewerbliches Personal [20]	Erfahrenes Führungsper. oder erfahrenes gewerbliches Personal [5]	Erfahrenes Führungspersonal / gewerbliches Personal [1]	
			Summe Punkte =	

Berechnung des Bewertungsfaktors				
$\dfrac{\text{Summe Punkte}}{\text{Mögliche Punkte}}$ x 100 =	160	x 100 =	%	

Einstufung der Anfrage				
Risikoklasse I	=	-	100%	Anfrage sollte abgelehnt werden.
Risikoklasse II	=	-		Bearbeitung mit hoher Intensität & unter besond. Augenmerk der Geschäftsleitung
Risikoklasse III	=	-		Bearbeitung mit hoher Intensität
Risikoklasse IV	=	-		Bearbeitung mit normaler Intensität
Risikoklasse V	=	0% -		Bearbeitung mit geringer Intensität

Bemerkungen:

Datum:	Unterschrift:

Tabelle 4: Formular Risikopotentialanalyse. Peter Fischer, Das Auftragsrisiko im Griff, Seite 14.

2.3.3 Strategische Risikomanagementprozesse

Das Risikomanagement ist ein Prozess, zu dessen Durchführung unter anderem mehrere aufeinander folgende Teilprozesse nötig sind:

- Identifikation
- Bewertung
- Minderung des Risiko
- Risikobewältigung

Die Sammlung von Risiken werden im Zuge einer Risikoidentifikation vollzogen und erfolgt ursachenbezogen. Mangelhafte Identifikation wirkt sich negativ auf die Projektabwicklung aus. Wesentlicher Prozess ist die Prognose von eintreten der Wahrscheinlichkeiten und Tragweiten der identifizierten Risiken.

In der Regel erfolgt die Bewertung von eintreten der Wahrscheinlichkeiten ursachenbezogen in Prozent. Die Art der Quantifizierung richtet sich nach dem Zweck der Durchführung des Risikomanagementprozesses. Unumgänglich ist die Ermittlung und Bewertung eines Risikozuschlages auf ein Angebot. So eine Vorgehensweise kann über die Auswertung von statistischen Datensätzen der Bauunternehmen erfolgen. Hierbei sind qualifizierte und erfahrene Mitarbeiter gefragt, die eine überschlägige Berechnung der Kosten und Schätzungen von zu erwartenden Kosten vornehmen. In der Angebotsbearbeitung findet erstmalig der Risikomanagementprozess zur Ermittlung der Risikokosten statt. Sollte es zu anschließenden Verhandlungen mit dem Bauherrn kommen, so fordern Änderungswünsche zu einer veränderten Risikolage. Die Aufgabe des Risikomanagements ist es, im Zuge der Angebotsphase die Risiken eines Werkvertrages genau zu analysieren und zu bewerten.

Bevor überhaupt mit der eigentlichen Angebotsbearbeitung begonnen wird, sind gewisse Kriterien und gegeben falls auf den Verzicht auf die Angebotsabgabe festzulegen. In der Regel ist das die Aufgabe der Geschäftsleitung.[32]

---

[32] Vgl. Gerhard Girmscheid, Kalkulation und Preisbildung in Bauunternehmen, ISBN 978-3-540-36694-2, Springer Verlag, Seite 292-293, 296-297.

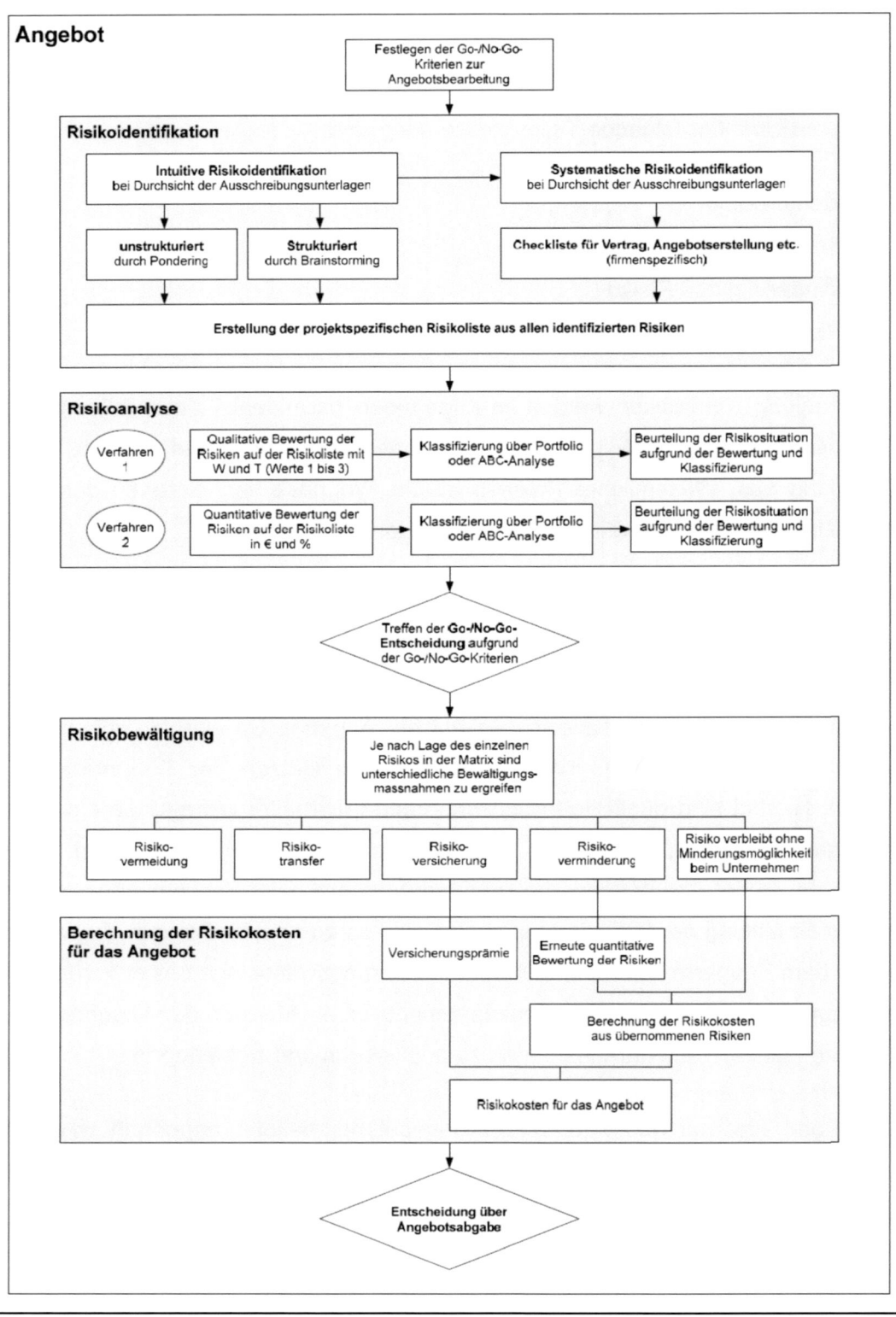

Tabelle 5: Risikomanagementprozess in der Angebotsphase. Gerhard Girmscheid, Kalkulation und Preisbildung in Bauunternehmen, Seite 298.

Für die Bewertung der Risikofaktoren genügt es die Werte näherungsweise zu bestimmen. Die sogenannte Risk-Map wäre ein graphisches Näherungsverfahren. Ein Risiko kann in einem Diagramm als Punkt dargestellt werden, horizontal die Eintrittswahrscheinlichkeit und vertikal das Schadensausmaß.

Existierenden Risiken für ein konkretes Projekt trägt man in die Risk-Map ein und man erhält ein Risiko-Portfolio des Projekts.[33]

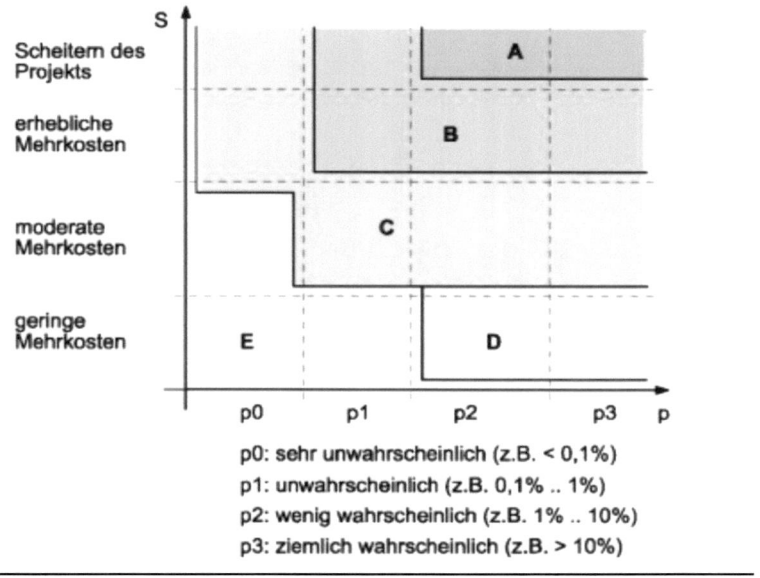

Tabelle 6: Risk–Map: Eintrittswahrscheinlichkeit p, Schadensausmaß S. Walter Jakoby, Projektmanagement für Ingenieure, Seite 191.

Vorhandene Risiken müssen verringert werden, sofern das Gesamtrisiko über einem akzeptablen Wert liegt. Gravierende Risiken müssen einzeln attackiert werden, indem man versucht die Eintrittswahrscheinlichkeit des schädigenden Ereignisses zu verringern. Es liegt schon ein Erfolg vor, wenn es gelingt die Risikoparameter um eine Klasse zu senken.

Im Lastenheft können Anforderungen definiert werden. Durch eine gründliche Analyse der Aufgabenstellung und sorgfältige Zusammenstellung des Pflichtenhefts kann das Risiko gemindert werden. Die Tatsache das zwei Beteiligte, nämlich Auftraggeber und Auftragnehmer getrennt über die Problemstellung nachdenken, bewirkt eine höhere Sicherheit. Risikofaktoren sind alle Schätzungen die zur Planung von Auf-

---

[33] Vgl. Walter Jakoby, Projektmanagement für Ingenieuere, ISBN 978-3-8348-0918-6, Vieweg + Teubner Verlag, Seite 191-192.

wänden, Kosten und Terminen gemacht werden. Durch das Schätzen in einer Gruppe können diese Risikofaktoren verringert werden.[34]

Die dritte Phase des Risikomanagementprozesses ist die Risikobewältigung. Dazu gehört das Prüfen, Entscheiden und Umgang der Risiken von Angebotsalternativen. Unsicherheiten können aber auch mit Chancen verbunden sein. Bauunternehmen können sich nur weiterentwickeln, wenn bewusst Unsicherheiten und Risiken in Kauf genommen werden. Die größte Gefahr ist, wenn keine Risiken eingegangen werden. Erfolgreiche Bauunternehmen nehmen nur solche Risiken in Kauf, bei denen die vorhandenen Chancen gegenüber den damit verbundenen Gefahren deutlich überwiegen.

Die Risikovermeidung bietet die größte Sicherheit, ist jedoch mit sehr hohen Kosten verbunden, denn es erfordert die Abänderung von Bauabläufen. Alternativ werden zur Risikoverminderung technische, bauliche oder personelle Maßnahmen auf ein erträgliches Maß reduziert. Es verbleibt ein Restrisiko, welches vom Bauunternehmen zu übernehmen ist.[35]

---

[34] Vgl. Walter Jakoby, Projektmanagement für Ingenieuere, ISBN 978-3-8348-0918-6, Vieweg + Teubner Verlag, Seite 194-195.

[35] Vgl. Gerhard Girmscheid, Kalkulation und Preisbildung in Bauunternehmen, ISBN 978-3-540-36694-2, Springer Verlag, Seite 312.

3 Risikoorientiertes Angebotsmanagement

3.1 Angebotsmanagements für Bauunternehmen

Für Bauunternehmer gilt auch das Gesetz von Angebot und Nachfrage auf dem Markt für Bauleistungen. Das Leistungsprofil des Bauunternehmens spielt diesbezüglich eine große Rolle. Im Ausschreibungsmarkt begegnen sich Angebot und Nachfrage in der Bauwirtschaft. Man spricht von Verkäufermarkt wenn ein sogenannter Nachfrageüberhang eine gute Marktlage kennzeichnet. Über steigende Nachfrage der Kunden und durch eine begrenzte Leistungskapazität der Bauunternehmen entsteht der Nachfrageüberhang.

Bei guter Marktlage reagieren die Bauunternehmen mit höheren Preisen, höhere Gewinnmargen, Erhöhung von Investitionen, Erhöhung der Baukapazitäten und Bildung von finanziellen Reserven.

Bei einem Rückgang der Nachfrage, bedingt durch eine Erhöhung der Baukapazität der Bauunternehmen kann sich die gute Marktlage relativ schnell in eine Degenerationsphase des Marktes umschlagen. Der Markt ändert sich zum sogenannten Käufermarkt und den damit verbundenen Preisdruck auf die Bauunternehmen. Die Konsequenz wäre tiefere Preise, höherer Verluste sowie geringere Investitionen. Die Geschäftsstruktur muss zur Senkung der innerbetrieblichen Kosten neu überdenkt werden und der vorherrschenden Nachfrage angepasst werden.

Gelingt es dem Bauunternehmen unterhalb des Marktgleichgewichtspreises anzubieten, hat es einen Anbietervorteil und wird erfolgreich den Auftrag erhalten. Die hohe Kunst der Preisgestaltung besteht darin, geringfügig unterhalb des Marktgleichgewichtspreises anzubieten. Bauunternehmen sollten auch ihre Kapazitäten und Kostenstruktur der jeweiligen Marktnachfrage so rasch als möglich elastisch anpassen können. Zur Realisierung von Innovationen sind Gewinne auf das eingesetzte Kapital notwendig. Je nach der Risikobereitschaft der Entscheidungsträger, der Marketing- und Wettbewerbsstrategie und dem Verhalten der Wettbewerber hängt die Preisgestaltung von Bauunternehmen ab.[36]

---

[36] Vgl. Gerhard Girmscheid, Kalkulation und Preisbildung in Bauunternehmen, ISBN 978-3-540-36694-2, Springer Verlag, Seite 325-328.

3.1.1 Auswahl- und Bearbeitungsprozesse

In Abhängigkeit der Projektgröße kann die Erstellung eines Angebotes erhebliche Kosten verursachen. Von den Bauunternehmen müssen die Kosten für die Angebotserstellung getragen werden und sind kein unwesentlicher Bestandteil der allgemeinen Geschäftskosten. Das Ziel ist es, die Erfolgsquote von Aufträgen zu erhöhen und somit die allgemeinen Geschäftskosten zu reduzieren. Um die Chancen einer Auftragserteilung zu erhöhen sind wichtige Kriterien wie Kundenbeziehung, Konkurrenzsituation, Leistungsfähigkeit, Auslastung und Risiken zu beachten.

Eine risikoorientierte Projektauswahl erhöht die Erfolgsquote von Bauunternehmen beträchtlich. Somit ist es auch möglich risikoreichere Projekte anzubieten und die Chancen auf mehr Ertrag zu erhöhen. Ein auf Unternehmensstandards aufgebaute Angebotsbearbeitung ist Voraussetzung zur gleichen Abfolge von Prozessabläufen. Durch einen systematischen Ablauf werden interne Risiken eingegrenzt und man sichert sich zumindest formal vergleichbaren Bearbeitungs- und Qualitätsstandard unterschiedlicher Mitarbeiter.

Zur Erfüllung eines Angebotsbearbeitungsprozesses sollte der formale Mindestangebotsbearbeitungsstandard bei allen Projekten gleich sein. Durch Einbezug der wichtigsten Entscheidungsträger des Leistungserstellungsprozesses soll die Gewinnung des Auftrages und zur sicheren Kostenermittlung dienen. Einer der zentralen Figur einer Angebotskalkulation ist der Kalkulant.

Bei kleineren Projekten leitet er die Leistung des Angebotsprojektes, bei größeren Projekten ist ein Teamleiter notwendig. Durch langjährige und praktische Erfahrung hat der Kalkulant meistens hervorragende Leistungs- und Kostendaten zur Verfügung.

Unterschiedliche Ergebnisse der Entscheidungsträger müssen gemeinsam mit dem Kalkulanten zur Entscheidung welche Ansätze in der Kalkulation schlussendlich berücksichtigt werden abgestimmt werden.[37]

---

[37] Vgl. Gerhard Girmscheid, Angebots- und Ausführungsmanagement – Leitfaden für Bauunternehmen, ISBN 978-3-642-14360-1, Springer Verlag, Seite 24,28,29.

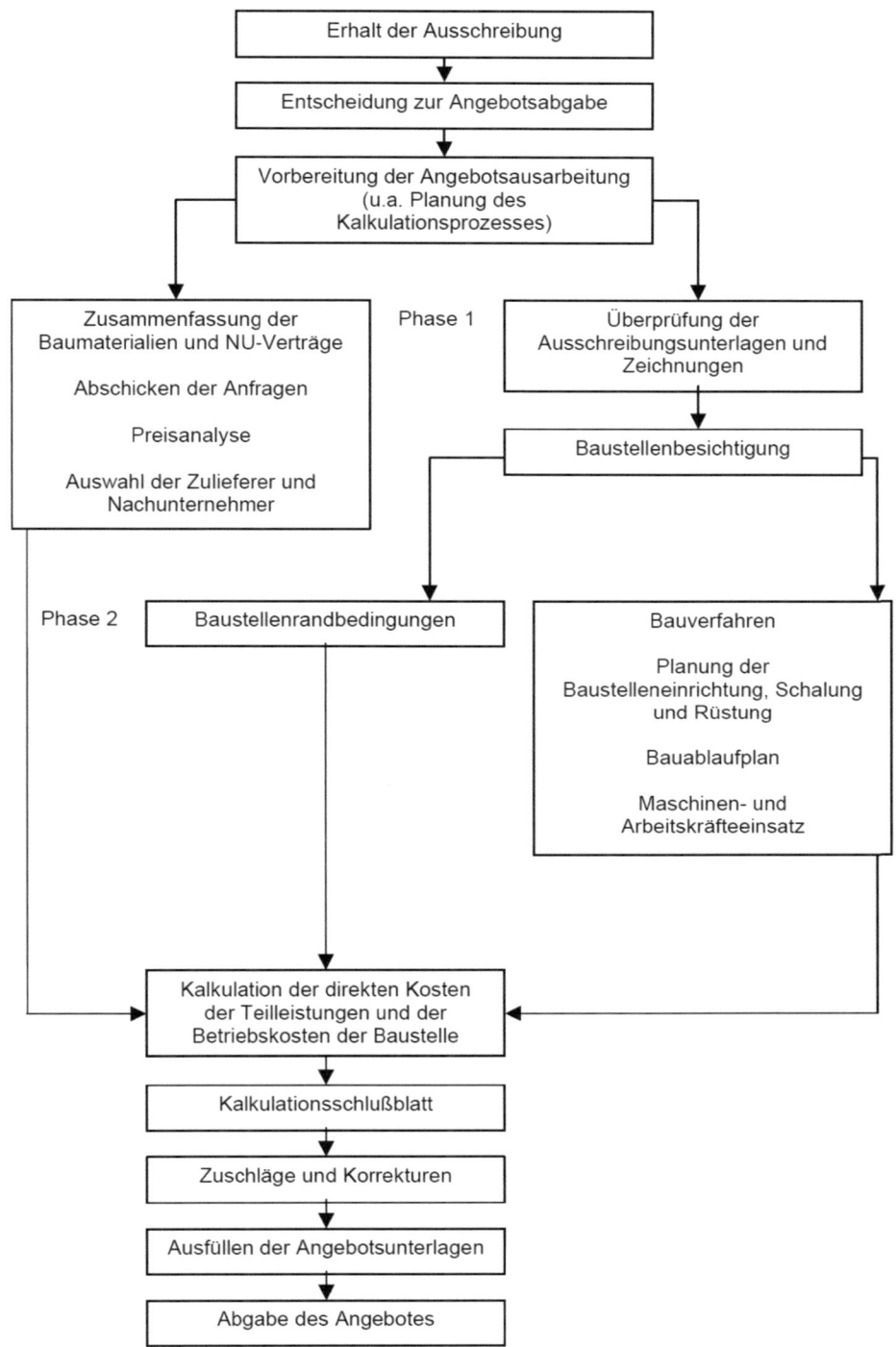

Tabelle 7: Prozess der Angebotserstellung. Dieter Jacob, Kalkulieren im Ingenieurbau, Seite 45.

Weiteres geht es um die Beantwortung wie man sich in die Lage versetzt Risiken eines Projektes zu erkennen und sinnvoll aufzuschlüsseln. Erkannte Risiken sind bei der Erstellung eines Angebotes aufzustellen. Eine auskömmliche Kalkulation von

Projekten unter Beachtung möglicher Risiken ist das Hauptziel im Zuge einer Bearbeitung.

Der geschuldete Leistungsumfang, dass sogenannte Bausoll ist die Grundlage der Kalkulation des jeweiligen Projektes. Auch alle sonstigen relevanten Randbedingungen zur Erbringung der geschuldeten Leistung sind einer spezifischen Risikoerkennung zu unterziehen. Dazu zählen beispielsweise Zufahrten, Baustelleinrichtung, Verkehrsverhältnisse, Energieversorgung oder Arbeitszeiten.[38]

Der Prozess der Angebotserstellung in Bauunternehmen sollte so lange weiterentwickelt werden, bis die Angebote zuverlässig, ordnungsgemäß und zuverlässig sind. Die Angebotserfolgsrate sinkt in stagnierenden Märkten und es müssen mehr Angebote erstellt werden um den Umsatz erhalten zu können. Die Bauunternehmen sollten sich eine bestimmte Strategie der Bausparten und Auftragsgrößen zurechtlegen, die sich in einem unternehmensbezogenen Strategieplan wiederspiegeln.

Die Geschäftsleitung hat auf Basis eines Strategieplanes folgende Entscheidungen über eine Angebotsabgabe zu treffen.

- Potentieller Beitrag zum Umsatz
- Verfügbare Ressourcen des Bauunternehmens
- Inhalt der auszuführenden Arbeiten
- Der Auftraggeber
- Die Vertragsgestaltung
- Die Örtlichkeiten

Zu vermeiden sind Aufträge die zu groß und umfangreich sind, beziehungsweise Aufträge mit schlechten Vertragsbedingungen oder liquide Mittel überbeanspruchen. Die Marktchancen und Risiken sind von Seiten der Geschäftsleitung im Zuge der Entscheidung einer Angebotsabgabe subjektiv abzuwiegen. Innerhalb des Angebotsprozesses sollte eine konkrete Entscheidung zur Abgabe des Angebotes erfolgen.[39]

---

[38] Vgl. Peter Fischer, Das Auftragsrisiko im Griff, ISBN 978-3-528-03987-5, GWV Fachverlage GmbH, Seite 21,28,29.
[39] Vgl. Dieter Jacob, Kalkulieren im Ingenieurbau, ISBN 978-3-8348-0935-3, Vieweg + Teubner Verlag, Seite 44,46.

3.1.2 Angebotsstrategieprozesse

Nachdem die Geschäftsleitung entschieden hat ein Angebot abzugeben, sind für einen reibungslosen Ablauf alle notwendigen Maßnahmen zu setzten. Dazu sind folgende Arbeitsphasen zu beachten:

- Entwicklung einer Angebotsstrategie
- Projektteam für die Angebotsbearbeitung
- Gliederung des Projektes
- Strukturierung der Angebotsbearbeitung
- Terminschiene zur Bearbeitung
- Verteilung der Aufgaben
- Steuerung der Bearbeitungsphasen

Bei komplexen Projekten sollte zusätzlich nach Gewerken beziehungsweise nach fach- und projektspezifischen Gesichtspunkten unterschieden werden.[40]

Grundsätzlich sollte vor der eigentlichen Angebotsbearbeitung eine Angebotsstrategie entwickelt und zusammengestellt werden. Die Unternehmensstrategie und die Projektanalyse ist die Grundlage der Auswahlphase. Maßgebende Kriterien sind Kapazitätsauslastung, Eignung als Referenzprojekt, Gewinnerzielung und abstecken des Marktpreisniveaus.

Dominierendes Kriterium eines jeden Bauunternehmens ist das Ziel der Gewinnmaximierung bei der Entscheidung für die Angebotsbearbeitung. Die risikoorientierte und selektive Auswahl von Ausschreibungen hat hier oberste Priorität. Im Zuge einer Nutzwertanalyse kann das Potential für lukrative Aufträge ausgelotet werden, die den harten Preiswettbewerb bestehen können. Man sollte sich sehr gut überlegen welche Ausschreibungen man bearbeitet.

Zur Gewinnmaximierung sind adäquate Projekte zu wählen, die es ermöglichen, dass im jeweiligen Unternehmen vorhandene Know-how mit der dazugehörigen Kostenstruktur zu nutzen.

---

[40] Vgl. Gerhard Girmscheid, Angebots- und Ausführungsmanagement – Leitfaden für Bauunternehmen, ISBN 978-3-642-14360-1, Springer Verlag, Seite 49.

Ein entsprechendes Projekt und deren Preisbildung kann später auch als Referenzprojekt zur weiteren Strategie genutzt werden. Somit kann ohne weiteres die Tür zu einem neuen Marktsegment geöffnet werden. Projekte die neue Technologien erfordern eignen sich besonders als Referenzprojekte und können als Imageträger für Bauunternehmen genutzt werden.

Kapazitätsauslastung über eine gewisse Zeitperiode kann ein weiterer Aspekt einer Strategie sein. Typischer Fall wäre, wenn das Unternehmen zurzeit voll ausgelastet ist und auch gleichzeitig bereits Aufträge für die darauf folgenden Jahre vorliegen hat, aber eine unzureichende Auslastung für die Zwischenperiode. Um das Fachpersonal in der Zwischenperiode auszulasten, kann für diesen Zeitraum ein Auftrag erstanden werden, der zwar mindestens alle Deckungsbeiträge leistet, aber nur einen geringen oder gar keinen Gewinn enthält.

Bevor eine solche Strategie angewendet wird, sollte überlegt werden ob nicht ein Kapazitätsabbau dem zukünftigen Marktgeschehen besser gerecht wäre. Sind in Zukunft wieder höhere Kapazitäten gefragt, sollte dieser gegeben falls durch Zukäufe wie zum Beispiel Subunternehmer abgedeckt werden.[41]

Eine erfolgreiche und strategische Angebotsprojektabwicklung setzt eine organisierte Planung, Steuerung und Kontrolle der Angebotsbearbeitung voraus. Werkzeuge sind unter anderem ein Aufgabenverteilungsplan und ein Bearbeitungsterminplan, die vom Angebotsprojektleiter erstellt werden.

Der Aufgabenverteilungsplan garantiert eine konkrete und genaue Zuweisung der Aufgaben und Verantwortungen. Im Bearbeitungsterminplan sind alle Terminvorgaben enthalten und kann zur Überprüfung der Kapazitätsauslastung herangezogen werden. In der Regel setzt sich das Team interdisziplinär aus einem Angebotsprojektleiter, technischen Spezialisten, Arbeitsvorbereiter, Kalkulanten, Kaufmann und einen Juristen zusammen. Die Zusammensetzung des Teams ist abhängig von den Anforderungen des Projektes, wobei der Kalkulant eine Schlüsselstellung einnimmt.

---

[41] Vgl. Gerhard Girmscheid, Angebots- und Ausführungsmanagement – Leitfaden für Bauunternehmen, ISBN 978-3-642-14360-1, Springer Verlag, Seite 51-52.

Die Ausschreibung ist von der Angebotsprojektgruppe zu analysieren, Risiken zu identifizieren und eine optimale Strategie zur Umsetzung festzulegen. Weiteres sind Ausschreibbungen für Subunternehmer sowie Lieferanten vorzubereiten. Deren Angebote werden anschließend bewertet und geprüft. Im Zuge der Ausschreibungsanalyse sind das Potential an Varianten und Sonderlösungen auszuarbeiten. Für die Bearbeitung eines Projekts muss eine Budgetschätzung vorgenommen werden um den eigenen Bearbeitungsaufwand und die Chancen einer Beauftragung abschätzen zu können.

Zusammenfassend können folgende Schritte in der Angebotsphase genannt werden:

- Analyse der Ausschreibungsphase
- Prüfung von Alternativvorschlägen
- Einbeziehung der Arbeitsvorbereitung
- Prüfung der technischen Umsetzung
- Erstellen von Ausschreibungsunterlagen
- Preisanfragen bei Lieferanten und Subunternehmen
- Kalkulation aller Kosten
- Abstimmung des Angebotes
- Fertigstellung und Abgabe des Angebotes[42]

3.1.3 Strategische Angebotsbearbeitung am Beispiel im Fassadenbau

In der Vergangenheit hat sich der Fassadenbau stark entwickelt. Die Herstellung von komplexen, umweltgerechten und kostenoptimierten Systemen ist das zeitgemäße Ziel und entspricht den Wünschen der Kunden sowie den geänderten gesellschaftlichen Vorstellungen. Zur Realisierung und Kostenoptimierung ist eine ordnungsgemäße Kalkulation unabdingbar. Gemeint sind Metall-Glas-Fassaden mit Gestaltungs- und Schutzfunktion. Die Fassade wird als Konstruktionsprinzip der Gebäudehülle im Sinne eines eigenständigen Bauteiles verstanden. Die Konstruktionssysteme werden hauptsächlich von großen Systemherstellern angeboten und von Metallbaufirmen kalkuliert, die auch die Endfertigung und Montage übernehmen.

---

[42] Vgl. Gerhard Girmscheid, Angebots- und Ausführungsmanagement – Leitfaden für Bauunternehmen, ISBN 978-3-642-14360-1, Springer Verlag, Seite 53,55,56,57.

Metallbaufirmen können als Subunternehmer für Bauunternehmen fungieren, oder sind integrativer Bestandteil in großen Baukonzernen.

Im Zuge der Angebotsbearbeitung sollten wichtige Randbedingungen wie Normen, Statik, bauphysikalische Anforderungen und Ausschreibung berücksichtigt werden. Vorhangfassaden unterliegen aufgrund der Vielzahl der Systeme einer Reihe unterschiedlicher Normen. Im Wesentlichen sind Metall-Glas-Konstruktionen räumliche Tragwerke deren Zusammenwirken in der Gesamtkonstruktion berücksichtigt werden muss, weil gegenseitige Verformungen und Spannungen die Bauteile beeinflussen. Grundlage zur Bemessung von Fassadenkonstruktionen sind Normen und Sicherheitsnachweise die auf Einhaltungen zulässiger Spannungen, Durchbiegungen und Stabilitäten funktionieren. Durch das Eigengewicht basiert hauptsächlich die Belastung von Fassaden, sowie durch Wind, Temperatur und teilweise Schnee. Die wichtigste Funktion von Fassaden ist der Wetterschutz, insbesondere der Wärmeschutz, Schutz vor Feuchtigkeit, Windschutz, Schallschutz sowie der Brandschutz. Weiteres hat die Fassade die bauphysikalische Anforderungen in Bezug auf Fugendurchlässigkeit, Schlagregensicherheit, Dampfdiffusion und Oberflächenbehandlung zu erfüllen.

In der Regel bestehen die Ausschreibungsunterlagen aus den Vertragsbedienungen, technischen Vorbemerkungen, Leistungspositionen, Einreich- und Polierplänen, Detailplänen und Terminpläne.[43]

Aus den Vorgabeplänen sollten die Abmessung der Profile und die Bauanschlüsse klar hervorgehen. Zusätzlich zu der ausgeschriebenen Konstruktion wird dem Bieter freigestellt, zusätzliche Alternativvorschläge auszuarbeiten und anzubieten. Die Gleichwertigkeit ist mittels Detailzeichnungen, Muster und Prüfzeugnisse nachzuweisen. Die Kosten setzen sich aus Lohn und Material zusammen. Unter Lohnkosten fallen Fertigungs- und Montagekosten. Unter Materialkosten fallen Unterkonstruktion, Anschlüsse, Systemmaterial und Füllungen. Im Zuge der Angebotskalkulation sind in der Regel nur Materialkosten, sowie Fertigungs- und Montagekosten ausgewiesen.

Eine Tragwerksform in Skelettbaueise aus Stahlbeton oder Stahl ist eine wesentliche Voraussetzung für die Herstellung gläserner Fassaden. Die Skelettbaueise

---

[43] Vgl. Dieter Jacob, Kalkulieren im Ingenieurbau, ISBN 978-3-8348-0935-3, Vieweg + Teubner Verlag, Seite 120,121,123,124,126.

übernimmt die gesamte Tragwirkung am Gebäude. Die Gebäudehülle trägt lediglich ihr Eigengewicht. Als beeinflussende Kosten der Gebäudehülle kommen tragende Profile, Stahlbleche für die Unterkonstruktion, Gläser für die Füllungen sowie Fertigungs- und Montagekosten zum Tragen.

Am Beispiel einer Pfosten- Riegel-Konstruktion soll eine Kostenermittlung von Fassaden verdeutlicht werden. Es sollte ein Fassadenelement einer Industriebauhalle in Pfosten- Riegel-Konstruktion erstellt werden. Mit Hilfe von EDV Programmen werden die Stahlprofile und deren Zubehör wie Dichtungen und Verbinder ermittelt. Als Material zur Füllung der Konstruktion werden Isoliergläser herangezogen, deren Preise bei den Lieferanten einzuholen sind. Die Aufwandswerte für die Fertigung und Montage beruhen auf Erfahrungswerten der Spezialisten. Die Werte werden gemittelt um zu praxisnahen Aufwandswerte zu gelangen. Aus den tariflichen Vereinbarungen errechnet sich der Stundenlohn.[44]

Die Montagegeschwindigkeit einer Pfosten- Riegel-Konstruktion ist relativ gering. Alternativkonstruktionen wie zum Beispiel in Form einer Elementfassade würden enorme Zeiteinsparungen herbeirufen. Elementfassen sind voll vorgefertigte Bauteile die über Ankerplatten direkt am Tragwerk befestigt werden. Nur wenig spezialisierte Hersteller mit eigener Ingenieurdienstleistung beherrschen die Fertigung und Montage solcher Konstruktionen. Die Montagegeschwindigkeit bei Elementfassaden ist circa fünf- bis sechsmal höher als bei einer konventionellen Pfosten-Riegel-Konstruktion.[45]

---

[44] Vgl. Dieter Jacob, Kalkulieren im Ingenieurbau, ISBN 978-3-8348-0935-3, Vieweg + Teubner Verlag, Seite 126,127,134,139,140.
[45] Vgl. Hans Sommer, Projektmanagement im Hochbau, ISBN 978-3-642-01428-4, Springer Verlag, Seite 59.

4 Risikoorientiertes Ausführungsmanagement

4.1 Strategien der Projektleitung

Ein Projektleiter eines Bauunternehmen der die Verantwortung eines großen Bauprojektes innehat, sollte ein Generalist sein. Vor allem im Bereich der Prozessorganisation, Zieldefinition, Planungsprozessen sowie Bauausführung. Der Projektleiter fungiert möglichst auch als Berater des Bauherrn, des Architekten, der Fachplaner und ist für reibungslose Prozesse verantwortlich. Ein erfahrener und erfolgreicher Projektleiter wird die Projektbeteiligten zum richtigen Zeitpunkt aktivieren und zu den richtigen Entscheidungen involvieren.

Weiteres hat der Projektleiter den genauen Zusammenhang zwischen den Prozessschritten und den Schnittstellen unterschiedlicher Gewerke genauestens zu kennen. Ein geeignetes Instrument zur Projektkommunikation aller Beteiligten ist Grundlage einer zielgerechten Abwicklung.

Die Tätigkeiten des Projektleiters kommen nur dann wirklich zum Tragen, wenn er ein akzeptierter Gesprächspartner ist, der auf Augenhöhe mit dem Bauherrn und dem Architekten handelt. Er hat die Prozesse aktiv zu steuern, überschlagsmäßige Kosten zu ermitteln und auf laufende Qualität und Wirtschaftlichkeit zu achten. Der Projektleiter sollte seine Mitarbeiter motivieren können, die ihre Mitarbeit aus eigenem Interesse einbringen.

Unabhängig von der Führungsmethode des Projektleiters ist eine klare und einfache Struktur für eine geordnete Abwicklung nötig. Wenn Probleme auftreten, muss jeder wissen an wen er sich wenden kann. Eine hierarchische Struktur sollte diese Anforderungen am besten erfüllen. Die Anzahl der Hierarchieebenen ist so gering wie möglich zu halten.[46]

---

[46] Vgl. Hans Sommer, Projektmanagement im Hochbau, ISBN 978-3-642-01428-4, Springer Verlag, Seite 96,97.

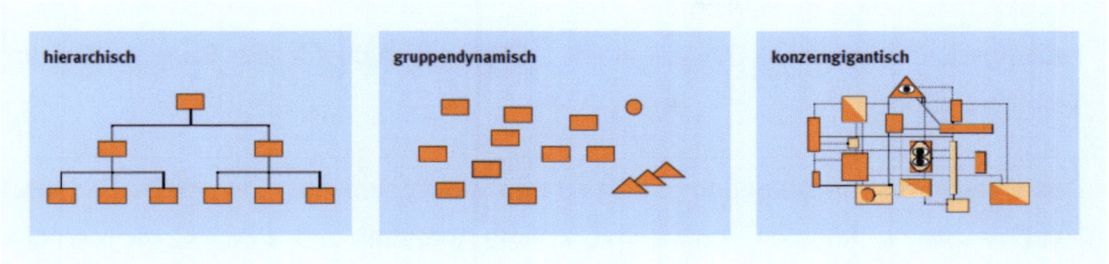

Abbildung 4: Organisationsstruktur. Hans Sommer, Projektmanagement im Hochbau, Seite 97.

Zur Ablaufkoordination und Kostenkontrolle ist das Projektmanagement für den Bauherrn unverzichtbar. Grundlage jeder geordneten und kreativen Projektabwicklung sind definierte Zielvorgaben. In Form von Aufgabenstellungen und Terminplänen werden die Vorgaben des Projektleiters an die zuständigen Fachbereiche weitergeleitet. Die verantwortlichen Fachbereiche disponieren und überwachen die Bauabwicklung der Baudurchführung. Ein klares Vertragskonzept ist eine wesentliche Voraussetzung für einen funktionierenden Projektablauf. Vertragsänderungen sind bei Großbauten üblich, daher ist es unerlässlich die möglichen Folgen abzuschätzen. Große Vorsicht gilt bei unklaren Formulierungen in den Vertragsbedienungen. Somit wird versucht die Risiken auf die Bauunternehmen zu überwälzen. Auch umgekehrt nutzt der Auftragnehmer die Chance um Mehrkostenforderungen zu lukrieren.[47]

Ziel eines Projektleiters ist es, alle Aufgaben die in einem Projekt anfallen zu koordinieren. Ab einer gewissen Projektgröße kann ein Projektleiter nicht alle Aufgaben selbst erledigen. Er hat die Aufgaben auf andere Personen zu übertragen, die Verantwortung bleibt aber letztlich beim Projektleiter. Aufgrund der Notwendigkeit Aufgaben zu delegieren, Verantwortung aber nicht delegieren zu können, ist eines der wichtigsten Aufgaben des Projektleiters Projektteams zu bilden. Die für das Projekt benötigten Mitarbeiter sollten die notwendigen fachlichen und methodischen Kompetenzen mitbringen. Der Projektleiter kann sich nicht immer Mitglieder des Projektteams aussuchen, sondern sie werden ihm beigestellt. Meistens werden Mitarbeiter für ein Projekt eingesetzt, die in der Linie am wenigsten vermisst werden.

---

[47] Vgl. Hans Sommer, Projektmanagement im Hochbau, ISBN 978-3-642-01428-4, Springer Verlag, Seite 98,100,103,105.

In solcher Situation muss sich der Projektleiter schon zum ersten Mal seine Durchsetzungsqualitäten unter Beweis stellen. Dies gilt auch für die Budget, Ziel und Terminvorgaben.

Das Delegieren von Aufgaben gehört zu den wichtigsten Aufgaben eines Projektleiters. Die zwei wichtigsten Punkte sind, welche Aufgaben und an wen sollte delegiert werden. Dringliche und wichtige Aufgaben werden vom Projektleiter persönlich und sofort erledigt. Dringliche aber weniger wichtige Aufgaben werden delegiert.[48]

Übernimmt ein Projektleiter Aufgaben, nur weil sie dringlich sind, dann ist das sicher der falsche Zugang. Diesbezüglich besteht die Gefahr, dass Mitarbeiter ihre Aufgaben so lange liegen lassen bis sie vom Projektleiter selbst erledigt werden. Die vorhandene Kompetenz der Mitarbeiter muss genutzt werden, dann gelingt auch die Delegation von Aufgaben. Andernfalls sollte das Team umbesetzt werden, oder die fehlende Kompetenz muss zugekauft werden.

Sind alle Kompetenzen im Team vorhanden, dann kann es höchstens noch an fehlender Motivation scheitern. Eine dauerhafte Motivation kann nur vom Mitarbeiter selbst kommen. Durch stärken der Eigenverantwortung können demotivierende Bedingungen vermieden werden. Die Projektmitarbeiter müssen daher auch die entsprechenden Entscheidungsbefugnisse erhalten. Wenn beide Aufgaben ident sind, Verantwortung und Befugnisse, werden Mitarbeiter ihre Aufgaben engagiert ausführen.

Eher unangenehm aber besonders wichtige Aufgabe eines Projektleiters gehört das Kontrollieren der erledigten Aufgaben. Die Arbeiten müssen zeitnah kontrolliert werden, um Abweichungen frühzeitig zu erkennen. Abschließendes Aufgabengebiet eines Projektleiters sollte das "Feedback geben" sein. Die Leistung eines Mitarbeiters kann positiv oder negativ ausfallen. Kritik sollte jedenfalls im richtigen Rahmen geäußert werden. Im Zuge des Gespräches sollten nicht nur negative sondern auch positive Aspekte angesprochen werden. Ziel des Gespräches sollten Maßnahmen

---

[48] Vgl. Walter Jakoby, Projektmanagement für Ingenieuere, ISBN 978-3-8348-0918-6, Vieweg + Teubner Verlag, Seite 235-236.

zur Lösung des Problems gesucht werden. Am Ende sollten gemeinsame Interessen und Ziele im Vordergrund stehen.[49]

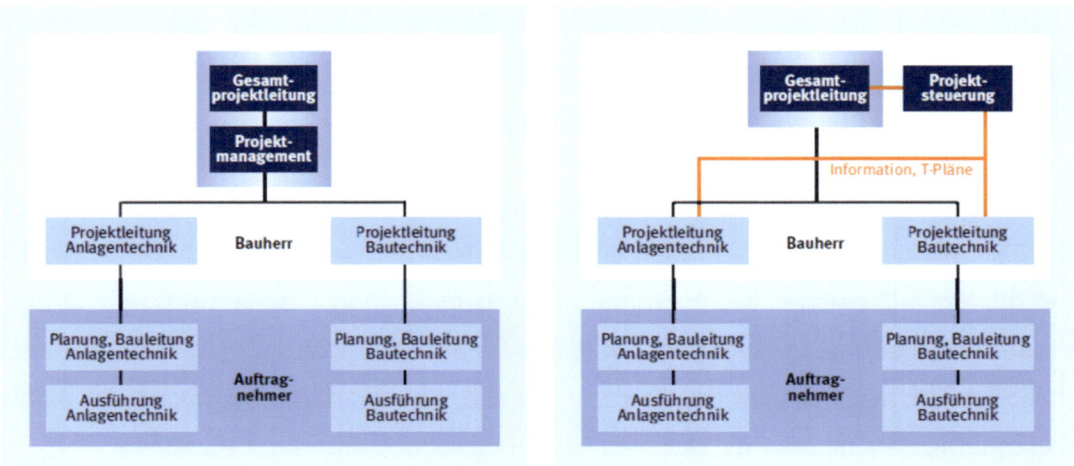

Abbildung 5: Projektmanagement in Linienfunktion, Projektsteuerung in Stabfunktion. Hans Sommer, Projektmanagement im Hochbau, Seite 98.

4.1.1 Bauvertragsrechtliche Maßnahmen

Den Grundsätzen des Werkvertragsrechts unterliegt der Bauvertrag mit gegenseitigen Rechten und Pflichten. Das wichtigste Dokument eines Bauvorhabens ist der Bauvertrag. Es gibt unterschiedliche Bauvertragstypen die individuell und projektabhängig ausgewählt werden müssen. Unter anderem unterscheidet man den Einheitsvertrag oder Pauschalvertrag.

Beim Einheitspreisvertrag wird die Leistung in technischen Positionen aufgegliedert. Dem Auftraggeber obliegt beim Einheitspreisvertrag die Massenermittlung. Abgerechnet und vergütet wird beim Einheitspreisvertrag nach tatsächlich ausgeführten Massen. Unabhängig von den ausgeführten Massen steht beim Pauschalvertrag die Vergütung von Anfang an fest, sofern der Auftraggeber nach Vertragsabschluss keine Mengenänderungen verursacht.[50]

Bauverträge werden immer länger und komplizierter, hauptsächlich um Mehrkostenforderungen der Auftragnehmer abwehren zu können. Durch den Einsatz von Com-

---

[49] Vgl. Walter Jakoby, Projektmanagement für Ingenieuere, ISBN 978-3-8348-0918-6, Vieweg + Teubner Verlag, Seite 237-238.

[50] Vgl. Ulrich Elwert, Alexander Flassak, Nachtragsmanagement in der Baupraxis, ISBN 978-3-8348-0193-7, Vieweg & Sohn Verlag, Seite 11,12,13.

puterprogrammen und guter Arbeitsvorbereitung ist es möglich die Baustelle immer besser steuern zu können. Die Kosten für Bauleistungen werden im Detail immer schärfer prognostiziert und es ist nicht mehr möglich einen gewissen Spielraum miteinzubauen. Eine zunehmend genaue bautechnische Vorschau von Produktionsabläufen führt tendenziell zu einem immer größeren Konfliktpotenzial wenn sich die Erwartungen wie erwartet nicht realisieren lassen.

In der Vergangenheit wurde der Wettbewerb unter den Bauunternehmen über die bessere Technik ausgetragen. Man profitierte von anderen Patenten oder Technologien die der Mitbewerber nicht kannte. Mittlerweile kochen alle Bauunternehmen mit Wasser und was man selbst nicht herstellen kann wird zugekauft. Moderne Kommunikationsmittel beherrschen immer mehr die Bautechnik, desto mehr gewinnt Recht an Bedeutung als neues Feld auf dem Kampf um den Ertrag einer Baustelle.

Vor Jahren war es noch üblich das Bauunternehmen zumindest die Baumeisterarbeiten leisteten. Heutzutage treten häufig Bauunternehmen als Generalunternehmer auf, die keine eigenhändigen Leistungen mehr erbringen, sondern sämtliche Gewerke zukaufen. Dabei verändert sich grundlegend die Aufgabenstellung eines Bauunternehmens. Fernab von der täglichen Ausführung von Bauleistungen bis hin zum technisch, kaufmännisch und rechtlichen Generalunternehmer. Ein untauglicher Versuch wäre fehlendes Fachwissen und fehlende technische Sachbearbeitung durch den vermehrten Einsatz von Baurecht in jeder Form zu ersetzen.

Recht ist dazu da die Folgen von Unterlassungen jeglicher Art aufzuklären, jedoch sind solche Maßnahmen sehr kostspielig, da die beteiligten Dienstleister wie zum Beispiel Rechtsanwälte bezahlt werden müssen. Damit es erst gar nicht so weit kommt, ist eine geordnete Baustellendokumentation unumgänglich. Eine gesetzmäßige Baustellendokumentation ist im Zuge einer Verschärfung der Rechtslage ohnedies erzwungen worden.

Eines der wichtigsten Beweismittel ist das Führen eines Baubuches. Vor Ort haben verantwortliche Personen zur Führung eines Baubuches Sorge zu tragen. Gilt das Bauvorhaben nach den Allgemeinen Vertragsbedienungen nach ÖNORM B 2110 so ist der Auftraggeber zur Führung eines Baubuches oder der Auftragnehmer zur Erstellung von Bautagesberichten dazu bestimmt.[51]

Bautagesberichte sind schon aus Gründen besserer Prozessabläufe von Bauunternehmen zu führen und vom Vertragspartner gegenzuzeichnen. Alle Eintragungen über wichtige Vorkommnisse gelten als bestätigt, wenn nicht innerhalb von zwei Wochen ab dem Tage der Eintragung vom Vertragspartner nach Einsichtnahme schriftlich Einspruch erhoben wird. In den Aufzeichnungen sollten alle mündlichen Vereinbarungen sowie Zusatzaufträge eingetragen werden. Briefe, Urkunden, Fotografien sind wichtige Beweismittel und haben in Zweifelsfällen ein entscheidendes Gewicht im Zuge eines Rechtsstreites.

Ein weiterer wichtiger Bestandteil der Allgemeinen Vertragsbedingungen nach ÖNORM B 2110 ist die Prüf und Warnpflicht. Der Werkunternehmer ist bei Werkverträgen verpflichtet alle bereitgestellten Unterlagen des Auftraggebers zum Gelingen des Werkes auf ihrer Tauglichkeit zu prüfen. Die Bauunternehmen sind angehalten übliche und zumutbare Überprüfungen und Untersuchungen zur Ausführung ihres Werkes benötigten Sachverstand auszuführen. Das Verfahren zur Planfreigabe ist festzulegen und gelten des vom Auftraggeber den Erfüllungsgehilfen übergebenen Plänen als angeordnet. Eine klare Zuordnung der Vertragsunterlagen liegt in der Sphäre des Auftraggebers. Unklare Vertragsunterlagen führen in der Ausführungszeit unausweichlich zu Mehrkostenforderungen des Auftragnehmers.

Zur Bekämpfung der Mehrkostenforderungen wird häufig damit argumentiert, der Bieter wäre verpflichtet schon im Ausschreibungsstadium sämtliche Fehler der Ausschreibungen aufzudecken. Für Bauunternehmen, also Werkunternehmer ist die Prüf- und Warnpflicht eine vertragliche Nebenpflicht, daher ist eine exakte Unterscheidung zwischen vorvertraglicher Aufklärungspflicht und vertraglicher Prüf- und Warnpflicht von großer Bedeutung. Zum Zwecke des Wettbewerbs geschieht auf Kosten des Bieters die Beteiligung an einer Ausschreibung. Kein Bieter wird die Interessen des Auftraggebers über die eigenen Interessen stellen. Ausschreibungen die womöglich durch teure und jahrelange Ingenieurleistungen erstellt wurden, können nicht vom Bieter in wenigen Wochen gratis bis ins letzte Detail geprüft

---

[51] Vgl. Rainer Kurbos, Baurecht in der Praxis, ISBN 978-3-7093-0235-4, Linde Verlag Wien, Seite 23,24,25,29,30,37,40.

werden. Der Auftraggeber trägt grundsätzlich das Risiko der Vollständigkeit der Ausschreibungsunterlagen.[52]

Eine Vertragsleistung auf Grund eines Bauvertrages wird als Bausoll bezeichnet. Die Grundlage von Mehrkostenforderungen sind Abweichungen von Bauist und Bausoll. Durch die Gesamtheit aller zum Vertragsinhalt gewordenen Unterlagen bestimmt das Bausoll. Die Leistungsbeschreibung mit Leistungsverzeichnis beim Einheitspreisvertrag oder Pauschalvertrag ist ein wesentlicher Vertragsbestandteil des Bauvertrages. Der Auftragnehmer schuldet nicht nur die Herstellung des versprochenen Werkes, sondern gemäß Werkvertrag auch kennzeichnend den Erfolg. Ein wesentlicher Faktor für Mehrkostenforderungen ist die exakte Bestimmung des Bausolls. Häufig haben Auftragnehmer und Auftraggeber unterschiedliche Vorstellungen über den Umfang des Bausolls.

Der Auftraggeber möchte höchstmögliche Qualität bei möglichst niedrigem Preis, der Auftragnehmer kalkuliert aus den Verdingungsunterlagen zu entnehmenden minimal geforderten Qualitätskriterien.

Die Beurteilung, ob eine Mehrkostenforderung des Auftragnehmers gerechtfertigt ist, setzt detaillierte Kenntnisse des vertraglich geschuldeten Leistungsumfangs voraus. Die Leistungspflichten des Auftragnehmers stehen bei der Herstellung eines Projektes im Vordergrund, jedoch ist er auf die Mitwirkung des Auftraggebers angewiesen.[53]

4.1.2 Nachtragsmanagement, der gestörte Bauablauf

Nach Vertragsabschluss eingetretene Änderungen des Bauinhalts oder der Bauumstände bringen unterschiedlichste Anspruchsvoraussetzungen und Auswirkungen von Mehrkostenforderungen mit sich. Die Hauptursachen von Mehrkostenforderungen sind unter anderen Preisanpassungen während der Bauzeit, Leistungsänderungen, Leistungsstörungen sowie fehlerhafte Preisermittlung.

---

[52] Vgl. Rainer Kurbos, Baurecht in der Praxis, ISBN 978-3-7093-0235-4, Linde Verlag Wien, Seite 41,42,43,49,50,51,52,57,59.
[53] Vgl. Ulrich Elwert, Alexander Flassak, Nachtragsmanagement in der Baupraxis, ISBN 978-3-8348-0193-7, Vieweg & Sohn Verlag, Seite 18,19,20.

Der einmal vertraglich vereinbarte Preis, egal ob beim Einheitspreisvertrag oder beim Pauschalvertrag ist immer Festpreis. Während der Laufzeit des Vertrags ändert sich der Preis nicht, unabhängig davon wie sich die Kosten des Auftragnehmers entwickeln. Ausnahmen sind veränderliche Preise, die während der Vertragslaufzeit durch Gleitklauseln vereinbart werden. Im Rahmen eines Einheitspreisvertrags ist der Einheitspreis eine grundsätzlich unveränderliche Größe, solange die tatsächlich ausgeführte Leistungsmenge bei unveränderten Vertragsunterlagen nicht um mehr als 20% von der ausgeschriebenen Menge abweicht. Darüber hinaus ist der Einheitspreis variabel und die Vergütung an den ausgeführten und nicht den ausgeschriebenen Mengen ausgerichtet.[54]

In den Allgemeinen Vertragsbedingungen nach ÖNORM B 2110 finden sich die Begriffe wie Behinderung, geänderte und zusätzliche Leistungen oder Leistungsänderung. Es wurde erkannt wie leistungsfähig der Begriff des Bausoll in Zusammenhang von Abweichungen im Bauvertrag ist.[55]

Dem Auftraggeber wird das Recht eingeräumt Änderungen des Bauinhaltes anzuordnen, jedoch nicht unmittelbar auf eine Änderung der Bauumstände. Für den Bauablauf ist der Auftragnehmer verantwortlich, daher gibt es keine Rechtfertigung den Auftraggeber in die vertraglichen Rechte des Auftragnehmers willkürlich eingreifen zu lassen. Dem Auftraggeber steht das Recht zu, die Planung zu verändern und die geänderte Ausführung vom Auftragnehmer zu verlangen. Ohne dass sich beide Parteien auf eine Mehrvergütung dem Grunde und der Höhe nach geeinigt haben, steht dem Auftragnehmer eine Vergütungsanpassung zu.

Im Bauwesen ist es nicht selten, dass es während der Ausführung der Leistung zu Behinderungen kommt, die bei Vertragsabschluss für den Auftragnehmer weder bekannt noch voraussehbar waren. Ist der Auftragnehmer in der ordnungsgemäßen Ausführung seiner Leistungen behindert, so hat er dies dem Auftraggeber unverzüglich schriftlich mitzuteilen. Mit seiner Anzeige bringt der Auftragnehmer dem Auftraggeber zum Ausdruck, durch welche konkreten Umstände Behinderungen vorliegen und welche Konsequenzen sich in terminlicher und finanzieller Art für den zukünftigen Bauablauf ergeben. Mit Hilfe einer Behinderungsanzeige hat der Auftraggeber

[54] Vgl. Ulrich Elwert, Alexander Flassak, Nachtragsmanagement in der Baupraxis, ISBN 978-3-8348-0193-7, Vieweg & Sohn Verlag, Seite 53,54,56,57.
[55] Vgl. Rainer Kurbos, Baurecht in der Praxis, ISBN 978-3-7093-0235-4, Linde Verlag Wien, Seite 230.

die Möglichkeit Abhilfe zu schaffen um die Schäden möglichst gering zu halten. Eine Unterlassung der Anzeigepflicht hätte zur Folge, dass der Auftragnehmer weder Anspruch auf Fristverlängerung noch auf Schadenersatz hat.[56]

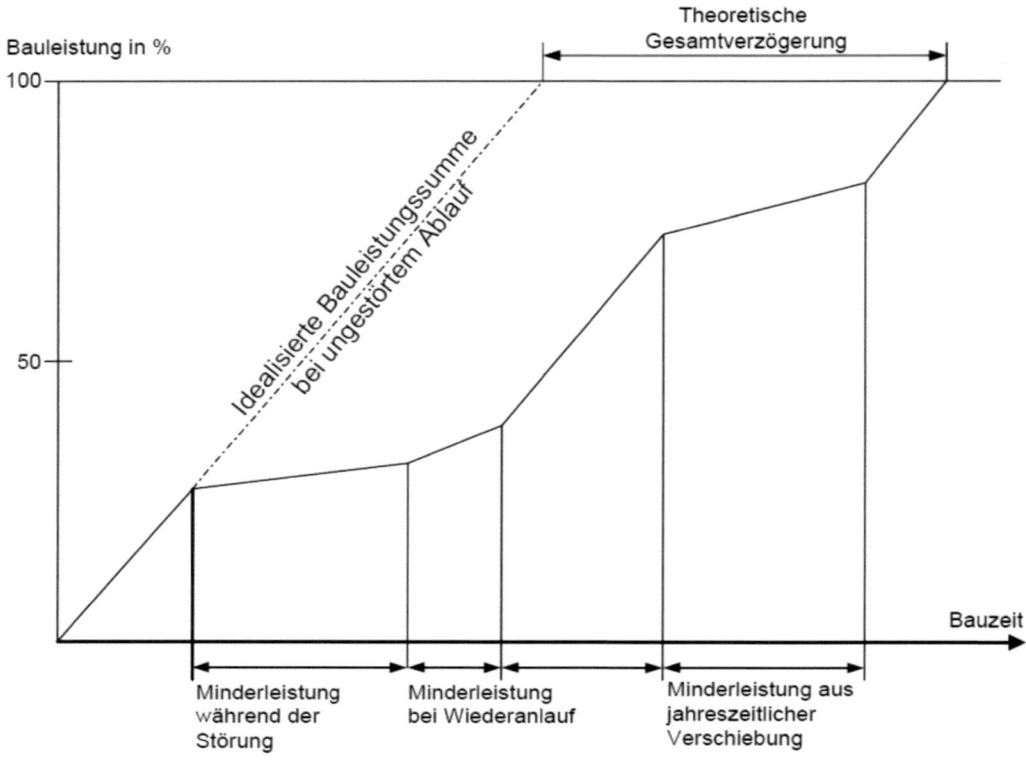

Abbildung 6: Gestörter Bauablauf. Ulrich Elwert, Nachtragsmanagement in der Baupraxis, Seite 77.

Heutzutage wird ein rationeller und damit kostengünstiger Bauablauf in immer umfangreicher und komplizierter gewordenen Bauvorhaben vorausgesetzt. Dazu kommt noch der verschärfte Wettbewerb auf dem Baumarkt und der unzukömmlichen Preise mit geringer Marge.

Leistungsänderungen und daraus resultierenden Bauzeitverzögerungen mit zunehmend verfeinerten Bauablaufplanung, mit immer geringerer Flexibilität der Kosten gegenüber Störungen im geplanten Bauablauf, führt unweigerlich zu Auseinandersetzungen zwischen Bauvertragspartnern über Ansprüche von Mehrkostenforderungen. Nur mit einer detaillierten Terminplanung schaffen Bauunternehmen die Vo-

---
[56] Vgl. Ulrich Elwert, Alexander Flassak, Nachtragsmanagement in der Baupraxis, ISBN 978-3-8348-0193-7, Vieweg & Sohn Verlag, Seite 62,63,64,73,74.

raussetzungen zur Erfüllung der Leistungspflicht und damit zur fristgerechten Fertigstellung einer Bauleistung.

Damit können Bauunternehmen im Falle von Behinderungen des Auftraggebers den Nachweis der eingetretenen Bauverzögerungen erbringen. Zu unterscheiden sind Behinderungen eines Bauablaufs zwischen äußeren Einflüssen aus der Ausschreibung oder Ausführung und den innerbetrieblichen Einflüssen. Aus den Störungsursachen ergeben sich Anspruchsgrundlagen von Bauzeitverlängerungen und Mehrkostenforderungen für den Auftragnehmer oder Schadenersatzansprüche für den Auftraggeber.

Außerbetriebliche Ursachen sind zum Beispiel normale Witterungseinflüsse, die Standortbedingungen einer Baustelle sowie alle im Vertrag aufgeführten Randbedingungen der Ausschreibung. Solche Faktoren müssen im Baubetrieb und damit in der Kalkulation durch Zeitreserven oder Risikozuschläge berücksichtigt werden. Fehlerhafte Ausschreibungen, verzögerte Planfreigabe oder Planänderungen während des Bauablaufs sind naturgemäß in der Kalkulation der Bauunternehmen nicht berücksichtigt und bilden deshalb auch Ursachen für berechtigte Bauzeitverlängerungen und Mehrkostenforderungen des Auftragnehmers.

Innerbetriebliche Störungen, die von Bauunternehmen selbst verschuldet werden, wie zum Beispiel zu spät angeliefertes oder ungeeignetes Gerät, unzureichende Arbeitsvorbereitung, zu geringer Personaleinsatz, zu spät angelieferte Baustoffe, unzutreffend eingeschätzte Schwierigkeiten in der Bauausführung, haben die Bauunternehmen selbst zu vertreten.[57]

---

[57] Vgl. Prof. Dr. Ing. Hermann Bauer, Baubetrieb, ISBN 103-540-32113-6 Springer Verlag, Seite 752,755,756.

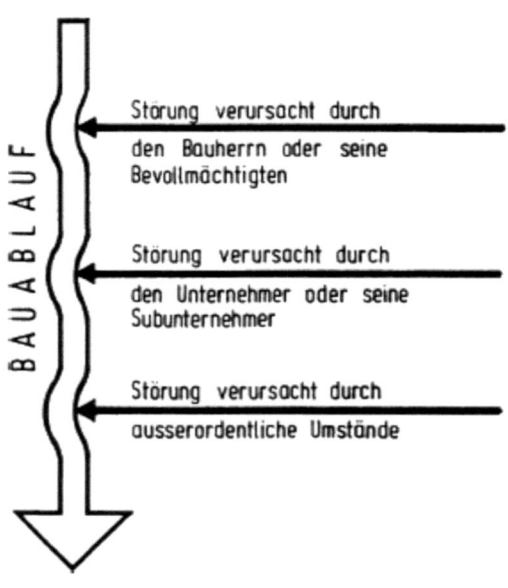

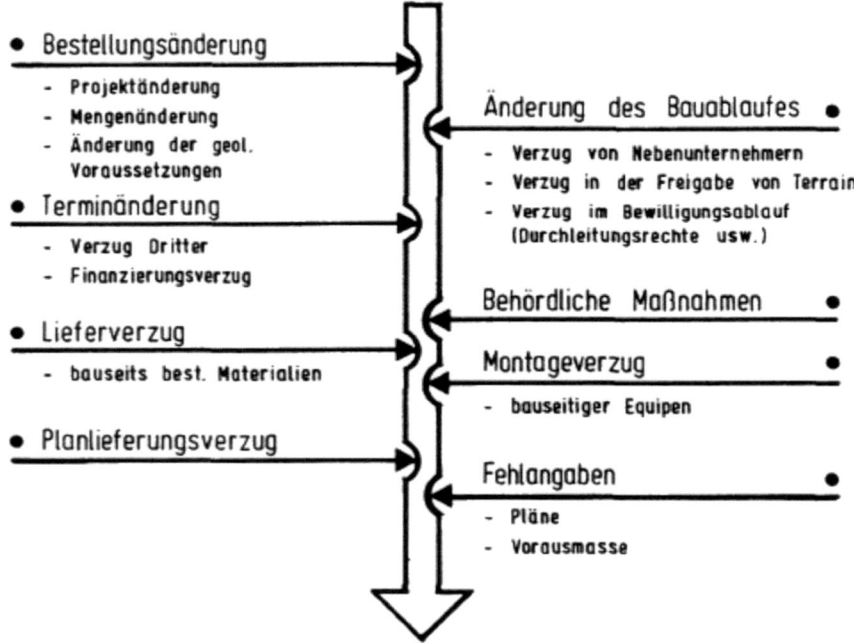

Abbildung 7: Gestörter Bauablauf. Prof. Dr. Ing. Hermann Bauer, Baubetrieb, Seite 756.

Durch unsachgemäßen Umgang mit Mehrkostenforderungen entsteht häufig in der Praxis ein hohes aber unvermeidbares Konfliktpotenzial. Durch den Auftragnehmer sind entsprechende Anspruchsgrundlagen klar und nachvollziehbar darzulegen, um dem Auftraggeber die Prüfung und Freigabe des Nachtrags zu ermöglichen. Überhöhte Nachtragsforderungen des Auftragnehmers führen zumeist zu einer nachhaltigen Beeinträchtigung der zukünftigen Vertragsbeziehung.

Ein sachgemäßer Nachtrag oder Mehrkostenforderung sollte folgende Gliederung aufweisen:

- Darstellung des Sachverhaltes
- Begründung
- Kalkulationsgrundlagen
- Auswirkungen
- Einreichen der Mehrkostenforderung

Für den Auftraggeber muss eindeutig erkennbar sein, um welchen Sachverhalt es sich konkret handelt, also welche Leistung und in welchem Zeitraum das vertraglich fixierte Bausoll abweicht. Vom Auftragnehmer sind die daraus abgeleiteten Anspruchsgrundlagen nachvollziehbar und lückenlos darzustellen.[58]

---

[58] Vgl. Ulrich Elwert, Alexander Flassak, Nachtragsmanagement in der Baupraxis, ISBN 978-3-8348-0193-7, Vieweg & Sohn Verlag, Seite 143.

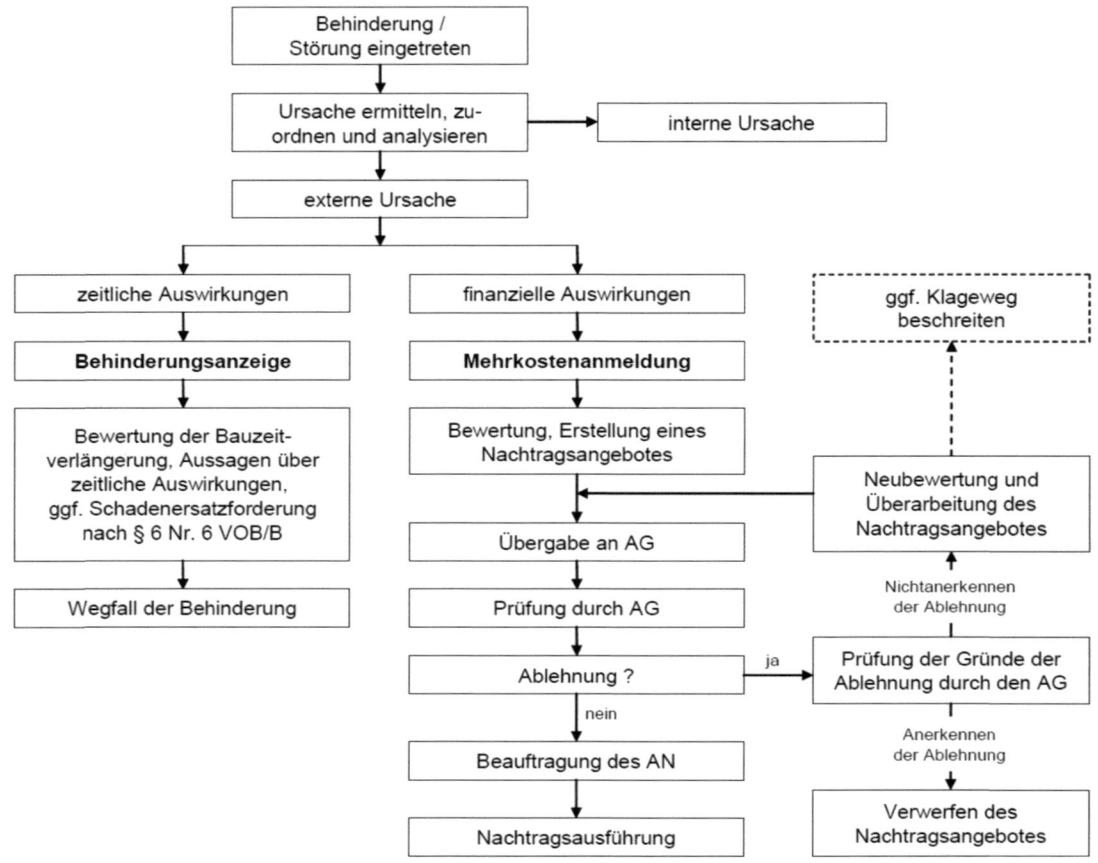

Tabelle 8: Ablauf eines Nachtrages. Ulrich Elwert, Nachtragsmanagement in der Baupraxis, Seite 144

4.1.3 Mehrkostenaufstellung aufgrund von Leistungsstörungen anhand eines praktischen Beispiels im Fassadenbau

In Folge wird die Beschreibung des ungestörten Regelablaufes (Soll-Ablauf) der Leistungserbringung beschrieben. Im Vergleich mit einer klassischen Bautätigkeit umfasst der Leistungsumfang Glasfassade mehrere Bereiche inklusive verschiedener vorbereitender Arbeitsschritte die in der Folge dargestellt werden:

- Bereich „A" – Projektleitung
- Bereich „B" – Planung, Ausführungsplanung, Schnittstellenplanung
- Bereich „C" – Produktion, Fertigung, Arbeitsvorbereitung
- Bereich „D" – Baustellenmontage der Fassadenelemente

Im Detail werden die Schwerpunkte und Tätigkeiten der einzelnen Bereiche dargestellt:

Bereich „A" – Projektleitung

Schwerpunkte der Tätigkeit in der Projektleitung ist die Leistung, Steuerung und Koordination der einzelnen Arbeitsschritte und Beteiligten. Die Tätigkeiten der Projektleitung können jeweils den drei Bereichen „B" Planung „C" Produktion und „D" Montage auf der Baustelle zugeordnet werden.

Zur Tätigkeit der Projektleitung zählen unter anderem folgende Aufgaben:

- Leitung des Projektteams inklusive Projektkoordination
- Kundenkontakt, Schnittstelle zu Auftraggeber
- Planung, Steuerung und Kontrolle der Abläufe
- Terminplan erstellen und Terminplanung koordinieren
- Technische Koordination und Optimierung der Konstruktion
- Definition der Schnittstellen zwischen den externen und internen Beteiligten
- Vergabe an Nachunternehmer und Lieferanten
- Vertragsabwicklung und Abwicklung von Leistungsänderungen
- Koordination und laufende Abstimmung mit der Entwicklung
- Koordination und laufende Abstimmung mit dem Einkauf
- Koordination und laufende Abstimmung mit der Fertigung
- Koordination und laufende Abstimmung mit der Montage
- Interne Schnittstellen zu Vertrieb und Verwaltung
- Externe Schnittstellen zu Architekten und Fachplanern
- Schnittstellen zu Lieferanten und zu Subunternehmer

Bereich „B" – Planung

Die Systementwicklung der Fassaden erfolgt unter Berücksichtigung der vertraglichen Vorgaben und Rahmenbedingungen der geschuldeten Leistung. Grundlage hierfür sind einerseits die Vorgaben der Architekten und des Fassadenberaters für die Systementwicklung, andererseits die Rohbaupläne um das entwickelte Fassadensystem auf das Gebäude umzulegen.

Zur Planung zählen folgende Arbeitsschritte und Teilleistungen:

- Erstellung der fachspezifischen Planung auf Basis der bauseitigen Vorgaben
- Abstimmung mit dem Architekten
- Freigabe durch den Architekten und weiterer Beteiligter
- Einarbeitung der Freigabevermerke und Änderungen in die Pläne
- Behördengenehmigung
- Bauphysikalische Gutachten

Bereich „C" – Produktion (Arbeitsvorbereitung, Werkstattplanung)

Grundlage für die Logistikplanung ist die Baustellenlogistik und die darin enthaltenen Start- und Endtermine. Darauf aufbauend kann die Planung sowie die Materiallogistik erstellt werden. In einem nächsten Schritt kann dann die Werkstattplanung angefertigt werden, wobei auf Basis der freigegebenen Pläne Produktionszeichnungen erstellt werden und für die Fertigung aufbereitet werden. Schließlich kann mit der Arbeitsvorbereitung, insbesondere mit der Koordination der Fertigungsschritte und der Materiallogistik begonnen werden.

Die Werkstattplanung und Detailplanung umfasst unter anderem die Erstellung von:

- Einzelteilzeichnungen
- Zusammenbauzeichnungen
- Stück- und Materiallisten
- Montageübersichten

Bereich „C" – Produktion (Materialdisposition, Materialbeschaffung)

Auf Basis der fertig gestellten Werkstattplanung kann die Materialdisposition vorbereitet und durchgeführt werden. Unter anderem ist das für die Elemente inklusive der Herstellung der dazu erforderlichen Werkzeuge durchzuführen:

- Aluprofile mit Dichtungen, Isolierstegen und Beschlägen
- Glas
- Stahlbleche für Unterkonstruktionen und Anschlüsse
- Fertigwaren
- Beschichtung

Ein wesentlicher Bestandteil dieser Phase ist die Beschaffung von Subleistungen. Dazu gehören Definition des Leistungsumfanges und Schnittstellenabgrenzung zwischen den Subleistungen, Ausschreibung und Vergabe dieser Leistungen. Subleistungen betreffen unter anderem Montagearbeiten, Verglasungsarbeiten und Materiallieferungen.

Bereich „C" – Produktion (Produktion der Fassadenelemente)

Produktion von folgenden Teilen in folgenden Arbeitsschritten:

- Fertigung Unterkonstruktion
- Fertigung Konsolen
- Fertigung Profile
- Zusammenbau Hauptkonstruktion
- Komplettieren Hauptkonstruktion
- Fertigung Anschlüsse
- Fertigung Einschübe
- Verpackung

Bereich „D" – Baustellenmontage der Fassadenelemente

Zur Montage zählen folgende Arbeitsschritte für die einzelnen Teile:

- Wegzeiten
- Baustelle einrichten
- Vermessung
- Einsatzplanung für die einzelnen Montagegruppen
- Aufsicht
- Auf- und Abladen von Material
- Wareneingangskontrolle
- Herstellen der Anschlüsse zu Bauwerk
- Montieren von Konsolen
- Montieren der Elementfassade
- Montieren der Pfosten - Riegel Fassade
- Verglasung der Fassade
- Montieren der Blechfassade
- Montage von Fenster und Türen
- Hilfsleistungen
- Stundenerfassung Soll-Ist-Vergleich

- Qualitätskontrolle inklusive laufende Mängelbehebung
- Zwischen- und Endreinigung
- Mängelbehebung nach Übernahmeprotokoll
- Material entsorgen
- Baustelle beendigen / Baustelle räumen
- Gewährleistungsarbeiten

Je nach der in der Folge dargestellten Behinderungsproblematik sind alle oder auch nur einzelne Teile des Planungs- Produktions- und Montageprozesses betroffen.

Analyse der Leistungsstörungen – Fehlende Planfreigaben

Gemäß Terminvorgabe wurden die Pläne zur architektonischen Freigabe im Bereich Erdgeschoß eingereicht. Der vereinbarte Planrücklauf innerhalb von zwei Wochen wurde nicht eingehalten. Betroffen davon waren unter anderem die folgenden Bereiche:

- Fenster im Erdgeschoß (fehlende Planfreigaben)
- Pfosten / Riegel-Fassaden (fehlende Planfreigaben)

In der folgenden Prinzip Skizze sind die Verzögerungen aufgrund Behinderung beziehungsweise fehlender Vorleistungen bei der Planung und die sich daraus ergebenden Auswirkungen auf die Planung und Projektleitung dargestellt.

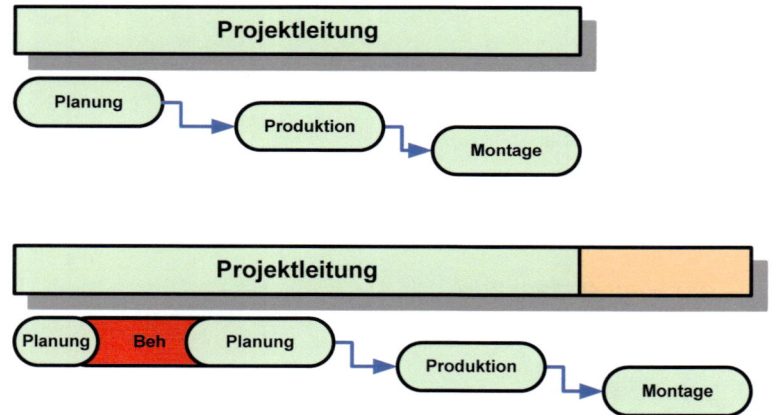

Abbildung 8: Verzögerungen bei der Planung aufgrund Behinderung fehlender Vorleistungen. Eigene Darstellung.

Analyse der Leistungsverschiebungen

Die fehlenden Planfreigaben haben zu verschiedenen Auswirkungen auf den Planungs-, Produktions- und Bauablauf geführt:

Ausdünnung von Leistungen

Bei oftmaligen Verschiebungen von Leistungen und Leistungsteilen kam es im Zeitraum der Verschiebungen zu Leistungsverdünnungen, da die Leistung nicht wie ursprünglich geplant kontinuierlich mit den dafür vorgesehenen Personal- und Geräteressourcen und Vorhaltematerial erbracht werden konnte. Der Effekt der Leistungsverdünnung ist beim beispielhaften Projekt relativ hoch, da es seitens des Bauherrn keine klaren Angaben über das Ausmaß der Verschiebungen gab. Daher war für den Auftragnehmer eine längerfristige Planung eines etwaigen Alternativeinsatzes für das vorgehaltene Personal nicht möglich.

Unterbrechung von Leistungen

Fehlende Grundlagenpläne für Fassadenteile führten zu Planungsunterbrechungen. Die Planung wurde auf Basis der unvollständigen Vorgaben in der 1. Stufe weitgehend abgeschlossen. Durch diese Unterbrechung war aber jedenfalls eine Umplanung der ausgearbeiteten Pläne notwendig.

Analyse der Kostenauswirkungen auf die Leistungserbringung

Die dargestellten Probleme der Verzögerungen der Planung und die verspätet fertig gestellten Vorleistungen Rohbau haben auch weitläufige Auswirkungen auf die Kostensituation der Leistungserbringung inklusive aller dazu erforderlichen Vorleistungen der Fassade. In der Folge sollen diese Kostenauswirkungen für die einzelnen Schritte der Leistungserbringung dargestellt und analysiert werden. In folgenden Themenschwerpunkten werden die einzelnen Mehrkosten zusammengefasst:

- Planung
- Produktion und Fertigung
- Montage
- Gemeinkosten

Verschiebungen einzelner Leistungsteile beziehungsweise der Gesamtleistung führen zu verschiedenen Auswirkungen im Planungs-, Produktions- und Montageablauf. Bei größeren Projekten müssen die entsprechenden Ressourcen an qualifizierten Mitarbeitern in der Planung, in der Produktion und Montage langfristig geplant und reserviert werden. Kurzfristige Änderungen führen jedenfalls zu Leistungsverdünnungen im Zeitraum der Verschiebung und je nach terminlichen Zwängen zu Verlängerungen der Planungs-, Produktions- und Montagezeiten oder zu einer Leistungsverdichtung aufgrund von Forcierungsmaßnahmen. In der folgenden Abbildung ist die Auslastungskurve schematisch dargestellt.

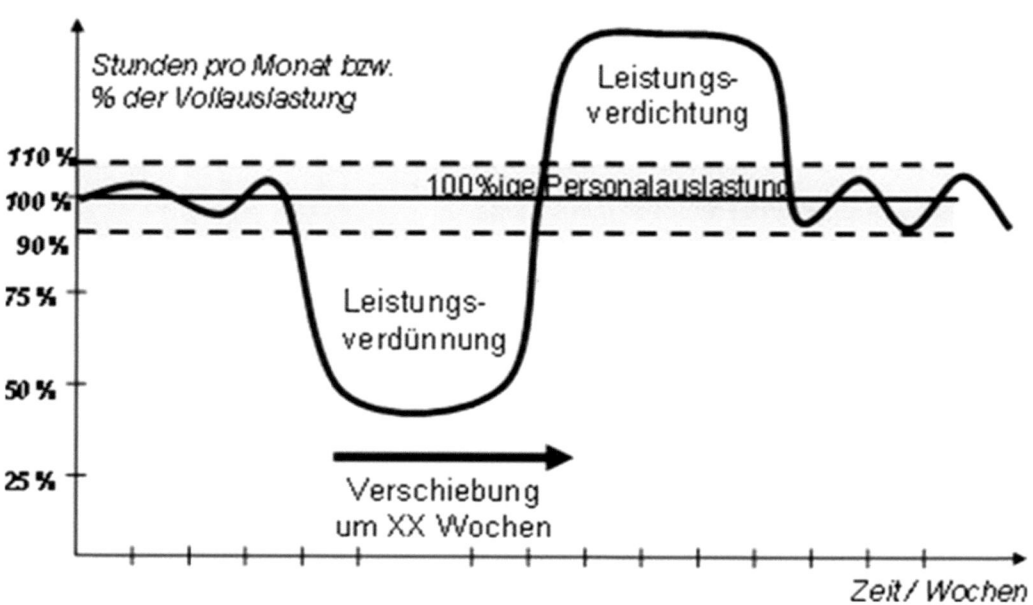

Abbildung 9: Auslastungskurve. Eigene Darstellung.

Dieser Effekt ist beim gegenständlichen Beispiel relativ hoch, da das Projekt für den Auftragnehmer zwischen 20 und 40% der Ressourcen bindet. Aufgrund der langen Vorlaufzeiten für Fassadenprojekte (Planung – Fertigung – Montage) ist eine kurzfristige Alternativauslastung für den Auftragnehmer praktisch kaum möglich. Montagetrupps müssen für ein großes Projekt einige Monate vorher eingeteilt werden, eine Verschiebung in diesem Ausmaß führt einerseits zu einer fehlenden Auslastung in der ursprünglich geplanten Montagezeit und zu weiteren Problemen von Spitzenauslastungen im Zeitraum nach der ursprünglich geplanten Montagezeit, in der die Montageteams bereits an anderen Projekten wiederum langfristig geplant im Einsatz sein müssen.

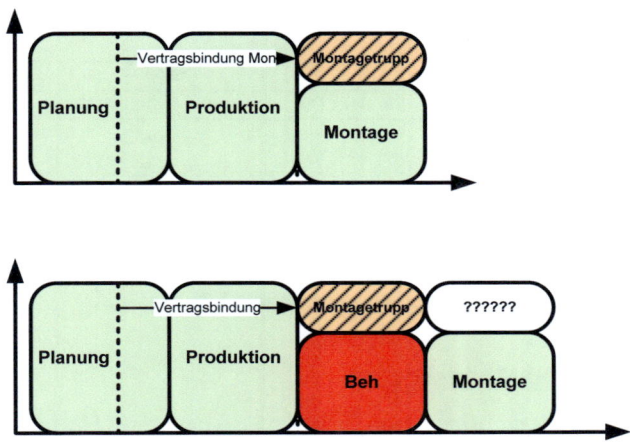

Abbildung 10: Auswirkungen von Behinderungen auf den Montagetrupps. Eigene Darstellung.

Auswirkungen auf die Planungskosten

Die Verzögerungen bei den Vorleistungen führten dazu, dass die Planung seitens des Auftragnehmers nicht, wie normalerweise üblich, in einem Schritt erstellt und auch komplettiert werden konnte. In der Erschwernis sind zum Beispiel der erhöhte interne und auch externe Koordinationsaufwand beim Stoppen und bei der Wiederaufnahme der Planung zu berücksichtigen. Der laufende Planungsprozess wurde durch fehlende Vorgaben und Freigaben in unterschiedlichen Bereichen behindert und unterschiedlich verzögert. Es kann daher keinesfalls von einem reibungslosen Ablauf gesprochen werden. Die Erschwernis kann in Abhängigkeit der Dauer der Behinderungen beziehungsweise Unterbrechung angegeben werden. Der Nachweis des tatsächlichen Ausmaßes der Erschwernis ist in der Praxis aufgrund der gegenseitigen Abhängigkeiten und der Komplexität nur mit sehr hohem Aufwand möglich.

Im vorliegenden Beispiel wird daher das Ausmaß für die Behinderungen als %-Satz der Planungsleistung abgeschätzt. Dieser ergibt sich aus der vereinfachten Berechnung nach OBERNDORFER mit 18,90 % der Gesamtplanungsleistung. Die Berechnung der Mehrkosten ist der folgenden Tabelle zu entnehmen:

	Planung			Behinderung	
	Std	Kosten		%	Mehrkosten
Fenster	1014 h	€ 74.400,00		18,90%	€ 14.061,60
Pfosten-Riegel Glasfuge	220 h	€ 16.118,76		18,90%	€ 3.046,45
					€ 17.108,05

Tabelle 9: Auswirkungen auf die Planungskosten. Eigene Darstellung.

<u>Auswirkungen auf die Produktionskosten</u>

Die im vorigen Kapitel beschriebenen Probleme bei der Planung haben entsprechende Auswirkungen auf alle nachfolgenden Produktionsschritte. Im Allgemeinen beginnt die Fertigung im Rahmen der Werkstattplanung mit der Erstellung von Einzelteilzeichnungen, Zusammenbauzeichnungen, Stück- und Materiallisten sowie Montageübersichten. Wenn die Ausführungsplanung vollständig und abgeschlossen ist, kann die Werkstattplanung auch rasch, kontinuierlich und in einem Arbeitsschritt erstellt werden. Bei einer kontinuierlich abgewickelten Werkstattplanung existiert Optimierungspotential in der Organisation der Fertigung.

Die oben angeführten Erschwernisse aufgrund von Unterbrechungen und Änderungen schlagen zu 100% auf die Werkstattplanung und den Fertigungsprozess durch. Analog zur Ausführungsplanung kann zwischen Erschwernissen und einem Mehraufwand aufgrund zusätzlicher Änderungen bei der Planung gesprochen werden. Es können auch dieselben Kriterien, Ursachen und Klassifizierungen der Erschwernisse wie bei der Ausführungsplanung verwendet werden. In der Folge wurde analog zur Planung die Erschwernisse für die Arbeitsvorbereitung, die Werkstattplanung und die Fertigung angenommen. Folgende Annahmen liegen dieser Berechnung zugrunde:

	Produktion			Behinderung	
	Std	Kosten		%	Mehrkosten
Fenster	4381 h	€ 207.659,40		18,90%	€ 39.247,63
Pfosten-Riegel	1461 h	€ 69.251,40		18,90%	€ 13.088,51
Glasfuge	1036 h	€ 49.106,40		18,90%	€ 9.281,11
	6878 h	€ 326.017,20			€ 61.617,25

Tabelle 10: Auswirkungen auf die Produktionskosten. Eigene Darstellung.

Auswirkungen auf die Montagekosten

Auch die Montage einer großen und komplexen Baustelle bedarf einer besonders genauen und gut voraus geplanten Abwicklung, inklusive der genauen Ressourcenplanung der einzelnen Arbeitspartien und Hebegeräten. Komplexe Fassaden erfordern entsprechend geschultes und erfahrenes Montagepersonal. Leistungsverschiebungen beziehungsweise Leistungsverdünnungen aufgrund von Behinderungen oder fehlenden Vorleistungen, führen zu erhöhten Vorhaltekosten beim produktiven Montagepersonal, das weder kurzfristig auf andere Projekte geschickt werden kann noch kurzfristig freigestellt werden kann, solange eine Leistungsverpflichtung aufgrund des laufenden Auftrages besteht. Im Sinne einer Schadensminimierung hat der Auftragnehmer selbstverständlich versucht, das Montagepersonal bei anderen Projekten einzusetzen. Da aber auch diese Projekte durch Planung und Produktion entsprechend lange Vorlaufzeiten haben ist, anders als bei den klassischen Baumeistergewerken, ein kurzfristig anderer Einsatz in den meisten Fällen nicht möglich.

Zur Frage der Anspruchsberechtigung von vorzuhaltendem Montagepersonal gibt es unterschiedliche Meinungen in der Literatur. Keinesfalls können die Personalkosten über die gesamte betroffene Verschiebungsdauer in Rechnung gestellt werden. Bei einer Verlängerung der Bauzeit von 10 Wochen bei keiner wesentlichen Änderung des Leistungsumfangs ist davon auszugehen, dass die angenommene und zu vergütende Dauer an Vorhaltung in Tagen ca. 20% der verlängerten Bauzeit entspricht. Die durchschnittliche Anzahl der vorgehaltenen Mitarbeiter auf der Baustelle beträgt acht. Die sich daraus ergebenden Vorhaltekosten sind unten angeführt.

Die zusätzlichen Vorhaltekosten in der Höhe von € 29.824,00 errechnen sich aus der Anzahl der Personen x 8 Std. / AT x Dauer der Vorhaltung x mittleren Standardstundensatz für die Montage von 47,40 €/h.

Mitarbeiter	Vorhaltung in Tagen	Vorhaltekosten
	Stundensatz 47,40 €	
8	10	€ 29.824,00

Tabelle 11: Auswirkungen auf die Montagekosten. Eigene Darstellung.

Auswirkungen auf die Baustellengemeinkosten

Grundsätzlich hat jede Verschiebung von Leistungen, unabhängig davon ob Planungs-, Produktions- oder Montageleistungen betroffen sind, Auswirkungen auf die Baustellengemeinkosten. Bei den Baustellengemeinkosten kann zwischen folgenden Bereichen unterschieden werden:

- Gemeinkosten der Projektleitung
- Gemeinkosten der Planung
- Gemeinkosten Vorhaltegeräte

Bauzeitverlängerungen und Leistungsstörungen, die zu Änderungen in der Arbeitsvorbereitung, in der Logistik und bei der Montage führen, haben immer auch einen erhöhten Managementaufwand der Projektleitung zur Folge.

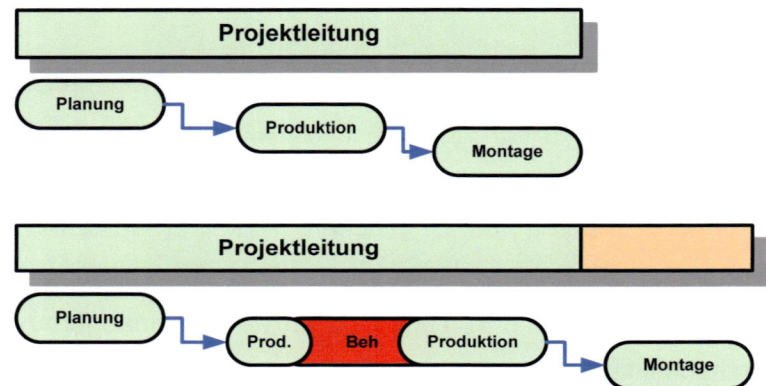

Abbildung 11: Auswirkungen Verzögerungen bei der Produktion aufgrund Behinderung fehlender Vorleistungen. Eigene Darstellung.

Eine Leistungsverlängerung führt immer zu berechtigten Mehrkosten der zeitgebundenen Baustellengemeinkosten, wenn die Ursache der Verlängerung der Gesamtleitung oder auch einzelner Teilleistungen in der Sphäre des Auftraggebers liegt. Im vorliegenden Fall führen die Behinderungen und Verschiebungen der Leistung jedenfalls zu höheren Baustellengemeinkosten. Daher soll in der Folge ein Weg aufgezeigt werden, in welcher Form die sich aus der Verlängerung einzelner Teilleistungen ergebenden Mehrkosten zu vergüten sind. Jede Verlängerung der Gesamtbauzeit, die der Auftraggeber zu verantworten hat, führt zu einer Anspruchsgrundlage für die Vergütung jener in der Gemeinkostenkalkulation angeführten Personenkosten, die über den gesamten Leistungszeitraum eingesetzt wurden. Bei

Verschiebungen innerhalb der Bauzeit sind teilweise nicht alle angeführten Personen betroffen. Es ist daher genau zu analysieren, welche Personen lt. Kalkulation wie lange eingesetzt worden wären und um wie viel sie nun länger eingesetzt werden müssen.

In der folgenden Berechnung wurde von folgenden Annahmen ausgegangen. Wie die Stundenauflistung zeigt, sind ca. 20 % der Gesamtleistung in der Ausführung behindert.

	Gesamt	28.762 HR	28.762 HR
		Prod	Mont
Fenster EG		4.381 HR	3.132 HR
Haupteingang		666 HR	1.461 HR
Glasfuge		477 HR	1.036 HR
		5.523 HR	5.629 HR
		19%	20%

Tabelle 12: Auswirkungen auf die Baustellengemeinkosten. Eigene Darstellung.

Daher auf diesen Bereich entfallen somit auch 20 % der Baustellengemeinkosten, die ebenfalls einem Produktivitätsverlust von 18,90 % nach OBERNDORFER unterliegen.

	BGK			Behinderung	
	Gesamt	20%		%	Mehrkosten
Fenster	€ 488.421,59	€ 97.684,32		18,90%	€ 18.462,34
Pfosten-Riegel	€ 49.755,62	€ 9.951,12		18,90%	€ 1.880,76
	€ 538.177,21	€ 107.635,44			**€ 20.343,10**

Tabelle 13: Auswirkungen auf die Baustellengemeinkosten. Eigene Darstellung.

Übersicht der Mehrkosten

Die gesamten Mehrkosten aufgrund der oben angeführten Ursachen und Auswirkungen ergeben sich wie folgt:

Mehrkostenübersicht	Summe
A.) Planung	
Erschwernisse bei der Planung	€ 17.108,05
B.) Produktion/Fertigung	
Fertigung	€ 61.617,25
C.) Montage	
Vorhaltung Montagepersonal	€ 29.824,00
E.) Baustellengemeinkosten	
Kosten bei Leistungsverlängerung	€ 20.343,10

€ 128.892,40

Tabelle 14: Übersicht der Mehrkosten. Eigene Darstellung.

Das gegenständliche Gutachten zeigt auf, welche Auswirkungen die Leistungsverschiebungen und Behinderungen des Planungs-, Produktions- und Bauablaufes auf die Leistungserbringung und die Kosten haben.

Die angegebenen Werte wurde soweit möglich aus dem Vertrag abgeleitet, dort wo Spezifikationen im Vertrag gefehlt haben, wurden plausible Annahmen getroffen und diese detailliert hergeleitet, um eine einfache Nachvollziehbarkeit und eine Plausibilitätsprüfung seitens des Auftraggebers zu ermöglichen.

Wie in der Übersicht dargestellt, betragen die berechtigten Mehrkosten, die der Auftraggeber aufgrund der oben angeführten Ursachen und Auswirkungen bei einer Bauzeitverlängerung von 10 Wochen gegenüber dem Vertragsterminplan dem Auftragnehmer zu vergüten hat, in Summe € 128.892,40 netto.

4.1.4 Baustellencontrolling

Im Allgemeinen wird Controlling als Planung, Steuerung und Kontrolle verstanden und wird meistens als Stabstelle der Unternehmensführung angegliedert. In Bauunternehmen unterscheidet man zwischen dem Baustellen- und dem Unternehmenscontrolling. Als Hilfsmittel für die Planung, Kontrolle und Steuerung einer Baustelle dient das Baustellencontrolling zur Prognose der zu erwartenden Projektergebnisse. Die Qualitätsanforderungen sollten im Rahmen eines Bauvertrags definiert sein. Um Abweichungen aufzudecken und Maßnahmen zur Zielerreichung einzuleiten, sind monatlich Termin-, Leistungs- und Kostenkontrollen durchzuführen.[59]

Das Controlling führt eine finanzielle Bewertung von Leistungserstellungsprozessen vergangener Projekte dar und stellt Prognosen von Leistungserstellungsprozessen zukünftiger Projekte durch. Das Baustellencontrolling ist eine Hilfestellung für eine optimale Bauausführung und eines kontinuierlichen Verbesserungsprozess. Das Baustellencontrolling hat grundsätzlich folgende Aufgaben:

- Optimierung des Bauablaufes und Kostenreduktion
- Laufende Überwachung der Baustellenergebnisse
- Frühzeitiges Erkennen von Abweichungen des Bausoll
- Frühzeitiges einleiten von Gegensteuerungsmaßnahmen
- Prognosewerten für das laufende Projekt
- Erfahrungswerten für zukünftige Projekte

Die sogenannte Arbeitskalkulation ist die Basis des Baustellencontrollings zur Ermittlung der Soll – Ist Abweichungen. Die Annahmen der Auftragskalkulation werden im Zuge des Bauablaufs überprüft.[60] Für die Kontroll- und Steuerungsaufgaben während der Bauausführung dient die Arbeitskalkulation als Informationsträger. Abweichungsanalysen und Soll-Daten werden für kurzfristige Ergebnisrechnungen aus der Arbeitskalkulation bezogen. Vor Ausführungsbeginn dient die Arbeitskalkulation als Zielgröße von Plan-Daten.

Während der Bauausführung erfolgt eine Fortschreibung der Arbeitskalkulation mit fortlaufender Nummerierung und bildet die Soll Daten im Bauprojekt Controlling. Das Bauprojektmanagement hat eine permanente Sicht auf Bauprojektende in Form von Wird-Daten darzulegen. Ziel ist es, die Wird-Situation des Bauprojektes, bezogen auf das Bauprojektende zahlenmäßig möglichst frühzeitig abzubilden.

---

[59] Vgl. Gerhard Girmscheid, Angebots- und Ausführungsmanagement – Leitfaden für Bauunternehmen, ISBN 978-3-642-14360-1, Springer Verlag, Seite 359, 361, 362.
[60] Vgl. Gerhard Girmscheid, Angebots- und Ausführungsmanagement – Leitfaden für Bauunternehmen, ISBN 978-3-642-14360-1, Springer Verlag, Seite 366, 367.

Nur so können Fehlentwicklungen möglichst frühzeitig entgegengewirkt werden. Die eigentliche Steuerungsaufgabe im Bauprojekt Controlling ist die Ermittlung der Wird-Daten.[61]

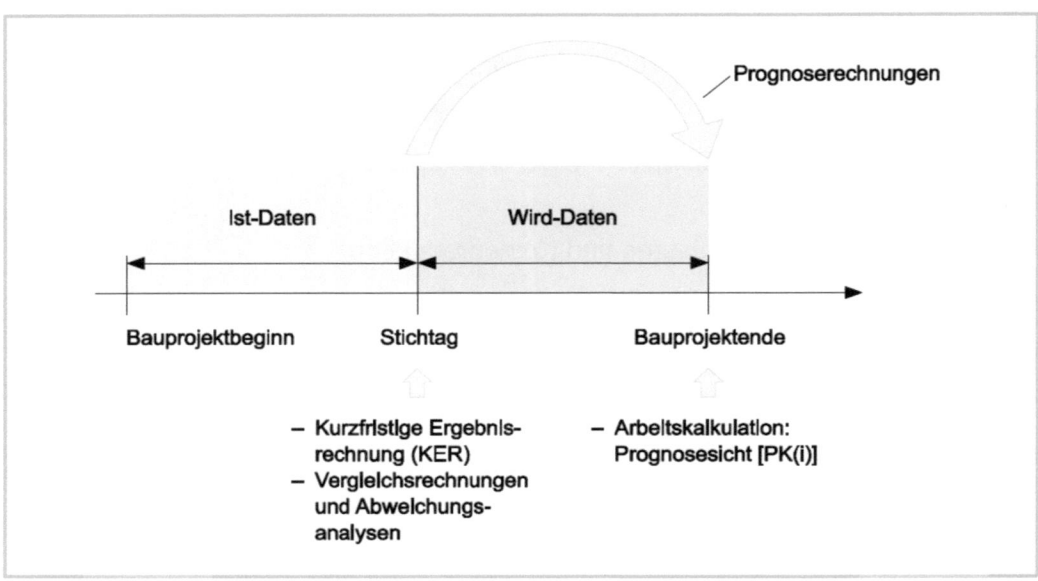

Abbildung 12: Prognoserechnung. Gerhard Girmscheid, Angebots- und Ausführungsmanagement, Seite 823.

Einen weiteren wesentlichen Teil des Bauprojektcontrollings stellt ein lückenloses Informations- und Berichtswesen dar. Ein Bauprojekt hat nur dann Erfolg und lässt sich optimal Steuern, wenn die Informationen möglichst schnell in verständlicher und übersichtlicher Form an die richtigen Empfänger gelangen. Projektcontrolling bezieht sich auf die Projektparameter wie Kosten, Termine, Leistung, Qualität und Verträge sowie auf die Projektrisiken. Sämtliche Informationen sind der Projektleitung zur Verfügung zu stellen, die für die Planung, Entscheidung, Ausführung und Überwachung nötig sind.[62]

[61] Vgl. Dieter Jacob, Kalkulieren im Ingenieurbau, ISBN 978-3-8348-0935-3, Vieweg + Teubner Verlag, Seite 457,459,460.
[62] Vgl. Gerhard Girmscheid, Strategisches Bauunternehmensmanagement, ISBN 978-3-642-14194-2 Springer Verlag, Seite 833,834.

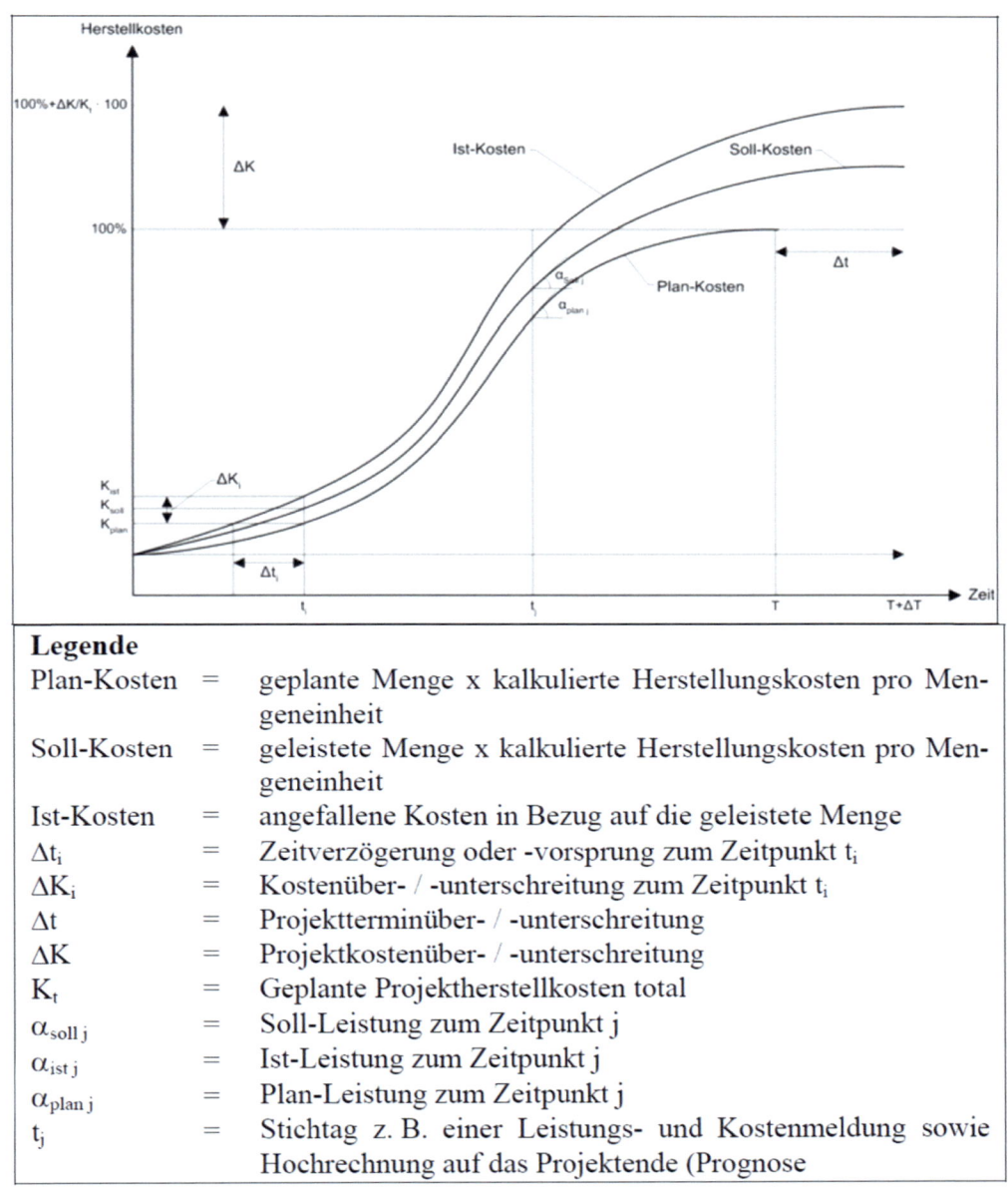

Legende

Plan-Kosten	=	geplante Menge x kalkulierte Herstellungskosten pro Mengeneinheit
Soll-Kosten	=	geleistete Menge x kalkulierte Herstellungskosten pro Mengeneinheit
Ist-Kosten	=	angefallene Kosten in Bezug auf die geleistete Menge
Δt_i	=	Zeitverzögerung oder -vorsprung zum Zeitpunkt t_i
ΔK_i	=	Kostenüber- / -unterschreitung zum Zeitpunkt t_i
Δt	=	Projektterminüber- / -unterschreitung
ΔK	=	Projektkostenüber- / -unterschreitung
K_t	=	Geplante Projektherstellkosten total
$\alpha_{soll\,j}$	=	Soll-Leistung zum Zeitpunkt j
$\alpha_{ist\,j}$	=	Ist-Leistung zum Zeitpunkt j
$\alpha_{plan\,j}$	=	Plan-Leistung zum Zeitpunkt j
t_j	=	Stichtag z. B. einer Leistungs- und Kostenmeldung sowie Hochrechnung auf das Projektende (Prognose

Abbildung 13: – Soll / Ist, Herstellungs- und Leistungskurve. Gerhard Girmscheid, Angebots- und Ausführungsmanagement, Seite 365.

Eine weiterführende Arbeitskalkulation stellt eine Messlatte für die Beurteilung des wirtschaftlichen Erfolges des Bauprojekts dar. Es sollten nur realistische Vorgaben enthalten sein und müssen mit dem Management abgestimmt werden.

Oftmals wird in der Praxis keine realistische Messlatte für den Projektstart angelegt. Teilweise sind Allgemeinen Geschäftskosten unzureichend gedeckt und am Start wird ein negatives Projekt Ergebnis ausgewiesen. Die in der Arbeitskalkulation fixierten Kosten die auf Basis des Bauvertrages erstellt wurden sind Budgetvorgaben für die Ausführung des Projektes.

Das Baustellencontrolling dient während der Bauausführung als Steuerungselement. Die Prognosen und Hochrechnungen müssen zielgerecht zum jeweiligen Stichtag realistisch erstellt werden. Von der Aktualität der Zahlen lebt das Baustellencontrolling, daher muss die Bauleistung soweit wie möglich der tatsächlich erbrachten erlöswirksamen Bauausführung entsprechen. Ohne eine sachgerechte Leistungsbewertung wird das Ist-Ergebnis der Baustelle verzerrt dargestellt, somit kann keine qualitative Aussage über den aktuellen Erfolg oder Misserfolg einer Baustelle abgeleitet werden. Weiteres leidet die Qualität von Vergleichsrechnungen und Abweichungsanalysen sowie eine Prognose der Ist-Daten bis zum Bauende.

Die vor Beginn der Bauausführung erarbeitete Arbeitskalkulation ist über den weiteren Baufortschritt dynamisch fortzuschreiben. In der Regel erfolgt dies zum Ende einer Berichtsperiode, wenn die Daten der zuvor beschriebenen Kontrollrechnungen aufliegen. Die Plan-Daten der Arbeitskalkulation (0) werden zu Soll-Daten in Form einer Arbeitskalkulation (1) fortgeschrieben. Dieser Prozess wiederholt sich je nach Berichtsperiode bis zum Ende der Bauausführung.

Welche Daten nun in welchem Umfang in der Aktualisierung von der Arbeitskalkulation berücksichtigt werden, ist abhängig von der Analyse der Abweichungsursache. Es ist nicht alleinige Aufgabe des Kontrollelementes eine Abweichung als solches aufzuzeigen, sondern darüber hinaus die Ursache hierfür zu erkennen.[63]

---

[63] Vgl. Dieter Jacob, Kalkulieren im Ingenieurbau, ISBN 978-3-8348-0935-3, Vieweg + Teubner Verlag, Seite 462,463,467,468,474,475.

Kostencontrolling

Projekt: MUSTER

AG: Gesamtprojekt

Grunddaten

73498	Unternehmensbereichsregie	0,66%		AUZI	0,69%		
73496	Bereichsregie/Direktionsregie	5,90%		Gewährleistung	0,20%	Direktion:	Bereich:
73495	Gruppenregie	0,00%		Einbehalte AG	0,00%		
	Summe UB/BR/GR	**6,56%**		Kundenskonto	3,00%	Kostenstelle:	Bauleiter:
				Lieferantenskonto	2,50%		
73490	**Zentralregie**	1,90%		Umlagen AG	0,00%	Auftrag vom:	Erstellung:

OG.LG laut LV	Gewerk		AK 0 Angebots- kalkulation	AK 01 Arbeits- kalkulation	AK XXX Aktuelle AK (inkl. MKF)	Kosten/Erlöse per 00.01.1900	Restkosten- prognose bis Bauende	Gesamt- prognose Bauende	Differenz Soll / Ist	% Sum Kost
	BAUSTELLENGEMEINKOSTEN									
10.10	Baustelleneinrichtung		1.432,00	0,00	0,00	0,00	0,00	0,00	0,00	
10.15	Projektleitung		13.800,00	0,00	0,00	0,00	0,00	0,00	0,00	
10.20	Techniker		9.600,00	0,00	0,00	0,00	0,00	0,00	0,00	
10.25	Planung		10.000,00	0,00	0,00	0,00	0,00	0,00	0,00	
10.30	Statik		5.600,00	0,00	0,00	0,00	0,00	0,00	0,00	
10.31	Bauphysik		0,00	0,00	0,00	0,00	0,00	0,00	0,00	
10.35	Transport		5.400,00	0,00	0,00	0,00	0,00	0,00	0,00	
10.40	Personenauffangnetz		8.317,08	0,00	0,00	0,00	0,00	0,00	0,00	
10.45	Hebezeuge (Kran)		5.625,00	0,00	0,00	0,00	0,00	0,00	0,00	
10.50	Steiger, Scherenbühne		13.589,40	0,00	0,00	0,00	0,00	0,00	0,00	
10.55	Vermessung		0,00	0,00	0,00	0,00	0,00	0,00	0,00	
10.60	Reinigung		0,00	0,00	0,00	0,00	0,00	0,00	0,00	
	BAUSTELLENGEMEINKOSTEN	#DIV/0!	73.363,48	0,00	0,00	0,00	0,00	0,00	0,00	#DIV/0!
	MATERIALKOSTEN									
20.10	Systemmaterial		0,00	0,00	0,00	0,00	0,00	0,00	0,00	
20.15	Beschlag		0,00	0,00	0,00	0,00	0,00	0,00	0,00	
20.20	Glas		0,00	0,00	0,00	0,00	0,00	0,00	0,00	
20.25	Profile (Alu,Stahl, Edelstahl)		0,00	0,00	0,00	0,00	0,00	0,00	0,00	
20.30	Bleche (Alu, Stahl, Edelstahl)		13.962,71	0,00	0,00	0,00	0,00	0,00	0,00	
20.31	Alucobond		0,00	0,00	0,00	0,00	0,00	0,00	0,00	
20.35	Dämmmaterial		0,00	0,00	0,00	0,00	0,00	0,00	0,00	
20.40	Verbrauchsmaterial		0,00	0,00	0,00	0,00	0,00	0,00	0,00	
20.45	Fertigwaren		264.228,18	0,00	0,00	0,00	0,00	0,00	0,00	
20.46	Sonstiges		0,00	0,00	0,00	0,00	0,00	0,00	0,00	
20.50	Werkzeuge		0,00	0,00	0,00	0,00	0,00	0,00	0,00	
	MATERIALKOSTEN	#DIV/0!	278.190,89	0,00	0,00	0,00	0,00	0,00	0,00	#DIV/0!
	FERTIGUNG									
30.10				0,00	0,00	0,00	0,00	0,00	0,00	
30.20	Weiz	46,00	10.307,83	0,00	0,00	0,00	0,00	0,00	0,00	
30.30	Monostarapti	18,00	8.136,00	0,00	0,00	0,00	0,00	0,00	0,00	
30.40	Fremdfertigung			0,00	0,00	0,00	0,00	0,00	0,00	
	FERTIGUNG	#DIV/0!	18.443,83	0,00	0,00	0,00	0,00	0,00	0,00	#DIV/0!
	MONTAGE									
40.10	Eigenmontage	31,40	170.868,27	0,00	0,00	0,00	0,00	0,00	0,00	
40.20	Fremdmontage		0,00	0,00	0,00	0,00	0,00	0,00	0,00	
	MONTAGE	#DIV/0!	170.868,27	0,00	0,00	0,00	0,00	0,00	0,00	#DIV/0!
	FREMDLEISTUNG									
50.10	Lichtkuppeln SUB		93.559,89	0,00	0,00	0,00	0,00	0,00	0,00	
50.15	Diverse Fassadenverkleidungen SUB		0,00	0,00	0,00	0,00	0,00	0,00	0,00	
50.20	Wärmedämmarbeiten SUB		0,00	0,00	0,00	0,00	0,00	0,00	0,00	
50.30	Fenster,Türen und Tore SUB		0,00	0,00	0,00	0,00	0,00	0,00	0,00	
50.35	Automatische Türen und Tore SUB		0,00	0,00	0,00	0,00	0,00	0,00	0,00	
50.40	Diverse Schlosserarbeiten SUB		0,00	0,00	0,00	0,00	0,00	0,00	0,00	
50.45	Diverse Stahlbauarbeiten SUB		0,00	0,00	0,00	0,00	0,00	0,00	0,00	
50.50	Verfugungsarbeiten SUB		0,00	0,00	0,00	0,00	0,00	0,00	0,00	
50.60	Befahranlagen		0,00	0,00	0,00	0,00	0,00	0,00	0,00	
50.65	Oberfläche		0,00	0,00	0,00	0,00	0,00	0,00	0,00	
50.70	Elektroarbeiten		0,00	0,00	0,00	0,00	0,00	0,00	0,00	
50.75	Tischlerarbeiten		0,00	0,00	0,00	0,00	0,00	0,00	0,00	
50.80	Diverse Subleistungen		0,00	0,00	0,00	0,00	0,00	0,00	0,00	
	FREMDLEISTUNG	#DIV/0!	93.559,89	0,00	0,00	0,00	0,00	0,00	0,00	#DIV/0!
	GESCHÄFTSKOSTEN									
73490	Zentralregie	1,90%	13.923,42	13.923,42	0,00	0,00	0,00	0,00	0,00	
73498	UB / BR / GR / DR	6,56%	48.072,43	48.072,43	0,00	0,00	0,00	0,00	0,00	
	Internzinsen (AuZi)	0,69%	5.056,40	5.056,40	0,00	0,00	0,00	0,00	0,00	
	Gewährleistung	0,20%	1.465,62	1.465,62	0,00	0,00	0,00	0,00	0,00	
	Sonstiges (Bauherreneinbehalte)	0,00%	0,00	0,00	0,00	0,00	0,00	0,00	0,00	
	GESCHÄFTSKOSTEN	#DIV/0!	68.517,87	68.517,87	0,00	0,00	0,00	0,00	0,00	#DIV/0!
	Summe Kosten		702.944,23	68.517,87	0,00	0,00	0,00	0,00	0,00	#DIV/0!

Tabelle 15: Kostencontrolling. Eigene Darstellung.

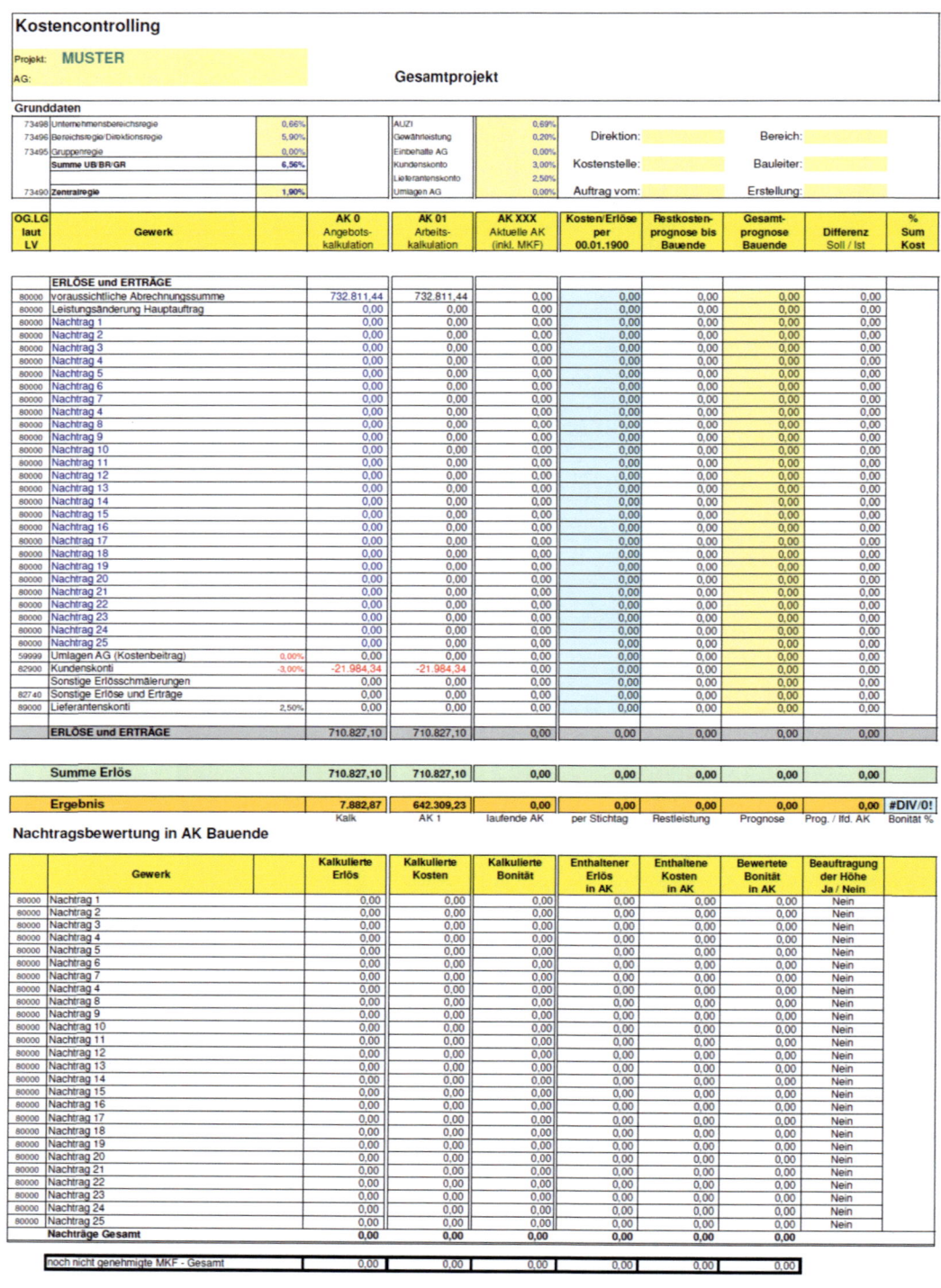

Tabelle 16: Kostencontrolling. Eigene Darstellung.

5 Schluss

5.1 Ergebnisse

Hinter einem Risiko kann sich eine negative Abweichung als auch eine Chance verbergen, die aufgrund von Abweichungen zwischen den geplanten Bau Soll und den tatsächlichen Bau Ist eintritt. Abhängig dem unternehmerischen Handeln spiegelt sich die Gratwanderung zwischen dem Verlustrisiko einerseits und der Chance auf Aufträge und Gewinne andererseits wieder. Der gefährliche Aspekt des Risikos und der Aspekt der Chance in Form von Mehrkostenforderungen sollte mit dieser Arbeit verinnerlicht werden.

Am Ende muss sich im Rahmen der Angebotsphase ein sicherer Umgang mit Auftragsrisiken einstellen. Wenn im Zuge der Auftragsverhandlung entsprechende Spielräume ausgeschöpft sind, muss dies in letzter Konsequenz dazu führen Angebote nicht weiter zu bearbeiten. Unter der Voraussetzung einer steigenden Sensibilität und durch einen offeneren Umgang mit Risiken und deren Kosten, könnte ein erfolgreicherer Weg der Bauunternehmen bestritten werden.[64]

Diese Arbeit bietet einer grundlegenden Einführung in die Thematik baubetrieblicher und strategischer Prozesse von Bauunternehmen, die durch ein Praxisbeispiel in der Baupraxis nahezu unvermeidlichen Umgang mit Mehrkostenforderungen darstellt.[65]

5.2 Maßnahmen

Das Angebot ist nach Fertigstellung der Kalkulation auf Plausibilität zu prüfen. Der Kalkulant hat alle Angebotsunterlagen für das Schlussgespräch vorzubereiten. Es nehmen auch je nach Umfang und Komplexität des Angebots weitere Projektverantwortliche an diesem Schlussgespräch teil, um spezifische Fragen gezielt beantworten zu können. Diskutiert und bewertet werden vor allem die Risiken und die Chancen des Projektes unter besonderer Berücksichtigung der Marktlage. Die

---

[64] Vgl. Peter Fischer, Das Auftragsrisiko im Griff, ISBN 978-3-528-03987-5, GWV Fachverlage GmbH, Seite 113,115.
[65] Vgl. Ulrich Elwert, Alexander Flassak, Nachtragsmanagement in der Baupraxis, ISBN 978-3-8348-0193-7, Vieweg & Sohn Verlag, Seite 1.

Geschäftsleitung entscheidet über die Preispolitik und über die Gewinnmarge des jeweiligen Projektes.

Für die Ausführung und die Abwicklung des Projektes ist der Bauleiter verantwortlich. Bereits bei der Angebotsbearbeitung ist der Bauleiter zu integrieren, denn der wirtschaftliche Erfolg eines Projekts ist das Ziel eines jeden Bauunternehmens. Der Bauleiter muss jederzeit über den Stand der Leistungserstellung, der Termine, Qualität und Kosten seiner Baustelle informiert sein. Dazu stehen folgende Instrumente wie des Baustellencontrollings zum Prozess-, Termin- und Kostenmanagement zur Verfügung.

Einer der wichtigsten Prozesse in der Ausführung ist ein funktionierendes Nachtragsmanagement. Mehrkostenforderungen sind von Seiten der Bauleitung möglichst früh zu erkennen und danach richtig zu handeln. Bereits in der Angebotsphase des Leistungserstellungsprozesses sollten Nachtragspotentiale erkannt werden.

Im Zuge der Bauausführung ist ständig zu prüfen, ob die vereinbarten Leistungen auch wirklich ausgeführt werden. Zugunsten der Bauunternehmen für zusätzliche Leistungen, beziehungsweise Leistungsreduzierungen zugunsten des Bauherrn. Für Auftraggeber sowie Auftragnehmer sollte der Umgang mit dieser Thematik in einer fairen Weise abgehandelt werden.[66]

5.3 Konsequenzen

Die Möglichkeiten einer Produktdifferenzierung bleiben den Bauunternehmen relativ wenig. Eigenschaften wie zum Beispiel Qualität, Termintreue oder Unternehmensimage stehen nicht sonderlich zur Verfügung, da die Eigenschaften des Bauwerks durch den Bauherrn und deren Vertreter festgelegt werden. Dies führt zu beschränkten Möglichkeiten ein gutes Preisniveau zu erreichen. Aufgrund dieser Parameter ist ein strukturiertes Risikomanagement für Bauunternehmen unerlässlich.

---

[66] Vgl. Gerhard Girmscheid, Angebots- und Ausführungsmanagement – Leitfaden für Bauunternehmen, ISBN 978-3-642-14360-1, Springer Verlag, Seite 93,94,340,343,358.

Risikomanagement für Bauunternehmer dient dazu, ein Bauprojekt von der Ausschreibungs- bis zur Übergabephase hinsichtlich Kosten, Terminen, Leistung, Qualität und Verträgen zu planen, zu steuern und zu überwachen. Zu Beginn eines Projekts ist der Risikomanagementprozess von zentraler Bedeutung, denn er führt schlussendlich zu einem „guten" oder „schlechten" Projektergebnis.[67]

---

[67] Vgl. Gerhard Girmscheid, Strategisches Bauunternehmensmanagement, ISBN 978-3-642-14194-2 Springer Verlag, Seite 40,41.

Literaturverzeichnis

Prof. Dr. Ing. Hermann Bauer, Baubetrieb, ISBN 103-540-32113-6, Springer Verlag.

Klaus J. Beckmann, Bauwirtschaft und Baubetrieb, ISBN 978-3-642-41869-3 Springer Verlag.

Ulrich Elwert, Alexander Flassak, Nachtragsmanagement in der Baupraxis, ISBN 978-3-8348-0193-7, Vieweg & Sohn Verlag.

Peter Fischer, Das Auftragsrisiko im Griff, ISBN 978-3-528-03987-5, GWV Fachverlage GmbH.

Gerhard Girmscheid, Angebots- und Ausführungsmanagement – Leitfaden für Bauunternehmen, ISBN 978-3-642-14360-1, Springer Verlag.

Gerhard Girmscheid, Kalkulation und Preisbildung in Bauunternehmen, ISBN 978-3-540-36694-2, Springer Verlag.

Gerhard Girmscheid, Strategisches Bauunternehmensmanagement, ISBN 978-3-642-14194-2 Springer Verlag.

Dietmar Goldammer, Betriebswirtschaft für Architekten und Bauingenieure, ISBN 978-3-8348-1748-8, Springer Verlag.

Christian Hofstadler, Produktivität im Baubetrieb, ISBN 978-3-642-41632-3, Springer Verlag.

Dieter Jacob, Kalkulieren im Ingenieurbau, ISBN 978-3-8348-0935-3, Vieweg + Teubner Verlag.

Walter Jakoby, Projektmanagement für Ingenieuere, ISBN 978-3-8348-0918-6, Vieweg + Teubner Verlag.

Dieter Köster, Marketing und Prozessgestaltung am Baumarkt, ISBN 978-3-8350-0928-8, GWV Fachverlage GmbH.

Rainer Kurbos, Baurecht in der Praxis, ISBN 978-3-7093-0235-4, Linde Verlag Wien.

Jens H.Liebchen, Markus G. Viering, Christian Zanner, Baumanagement und Bauökonomie, ISBN 978-3-8351-0152-4 B.G. Teubner Verlag / GWV Fachverlage GmbH.

Hans Sommer, Projektmanagement im Hochbau, ISBN 978-3-642-01428-4, Springer Verlag.

Karlhans Stark, Baubetriebslehre – Grundlagen, ISBN 978-3-528-07707-5 GWV Fachverlage GmbH.